U0891340

隧道病害处治技术研究

许崇帮　王元清　李　磊　著

科学出版社
北　京

内 容 简 介

本书依托杜公岭隧道特殊地质病害处治工程，对隧道病害成因及处治过程中的技术问题进行了深入探讨，着重阐述了杜公岭隧道工程病害发展规律、隧道病害成因分析与演化分析、隧道病害处治设计方法、隧道衬砌结构爆破拆换施工安全控制等内容。本书内容对于今后隧道病害处治工程具有重要的参考意义。

本书可供隧道相关技术人员使用，也可供相关院校师生参考使用。

图书在版编目（CIP）数据

隧道病害处治技术研究 / 许崇帮，王元清，李磊著. —北京：科学出版社，2022.3

ISBN 978-7-03-071831-0

Ⅰ. ①隧… Ⅱ. ①许… ②王… ③李… Ⅲ. ①隧道病害-整治-研究 Ⅳ. ①U457

中国版本图书馆 CIP 数据核字（2022）第 040130 号

责任编辑：牛宇锋 乔丽维 / 责任校对：任苗苗
责任印制：吴兆东 / 封面设计：蓝正设计

科学出版社出版
北京东黄城根北街 16 号
邮政编码：100717
http://www.sciencep.com
北京凌奇印刷有限责任公司 印刷
科学出版社发行 各地新华书店经销
*
2022 年 3 月第 一 版 开本：720×1000 B5
2023 年 6 月第二次印刷 印张：10 3/4
字数：207 000

定价：88.00 元

前　　言

我国公路隧道经历二十余年的快速发展，在工程建设方面取得了举世瞩目的成绩，隧道工程的运营规模也雄踞世界首位。然而隧道工程在运营多年后，受工程地质环境和养护技术水平等因素影响，常常出现不同类型、不同程度的结构病害，对隧道工程运营安全构成了潜在风险，因此可以预见我国未来隧道病害处治工程将越来越多。目前，我国隧道病害处治多集中于轻微病害，处治规模也相对较小，对病害程度严重(如4类、5类病害)、病害规模大的隧道病害处治工程还很罕见，在这方面的工程经验和技术积累相对匮乏。杜公岭隧道位于山西长平高速公路主线段，穿越太行山碳酸岩地层，隧道工程地质条件十分复杂，建成通车后隧道病害持续发育，4类、5类病害达到隧道总规模的20%以上，隧道被迫中断交通进行封闭处治。作者有幸参与了杜公岭隧道病害处治工作的全过程，在隧道处治过程中深刻认识到隧道病害处治工作的复杂性和工程技术上的挑战，从隧道病害成因分析、病害产生机理，再到病害处治设计和处治施工安全控制技术，无相关工程案例可参考，也无成熟的技术经验可借鉴，仅能依靠大量的工程测试和试验测试不断地摸索，终于找出了病因，洞悉了病害机理，矫正了处治方案，确保了施工安全。为了能够对今后类似隧道病害处治工程提供借鉴，作者对隧道病害处治工作中的技术要点进行了梳理、总结，希望这些工作的视角、观点能够为广大的技术人员提供一些帮助。

作者衷心感谢山西省高速公路管理局、山西省长治市高速公路管理处在工作上给予的大力支持与信任，使项目研究工作得以顺利开展与落地。

特别需要说明的是，本书相关内容得到了山西省交通科技项目资助。限于作者的理论技术水平与工程经验，书中难免有不足之处，敬望各方面专家、读者不吝批评指正。

作　者
2021 年 6 月

目　　录

第 1 章　杜公岭隧道工程概况

杜公岭隧道位于长治市平顺县境内，属于长治至平顺高速公路的主线段工程，是山西省高速公路网“三纵十二横十二环”的重要组成部分。隧道进口端洞口位于平顺县前鸦沟村附近，出口端洞口位于平顺县大岭沟村附近，总体走向 264°。隧道于 2009 年 12 月开工建设，至 2012 年 11 月完工。

隧道施工后期(2012 年 3 月)，在日常巡检中首次发现已施作隧道衬砌出现衬砌裂缝和路面隆起、开裂等轻微病害；2013 年除隧道衬砌裂缝和路面隆起、开裂外，电缆沟也出现倾覆；2014 年又相继出现了二次衬砌拱脚部位的局部崩裂和局部段落的变形侵限；2016 年、2017 年杜公岭隧道部分段落病害恶化，隧道衬砌混凝土部分出现泥化现象，导致隧道二次衬砌混凝土突发性崩塌掉落、电缆沟内墙挤出。总体上，杜公岭隧道病害呈现出病害发展时间长、病害类型多的特点，在公路隧道病害处治工程中很罕见。

1.1　工程建设条件

1.1.1　地形地貌

杜公岭隧道工程地形属低中山区，地形起伏，其中地形最高点标高 1498m(杜公岭峰顶)、最低点标高 1198m(大岭沟沟底)，地形相对高差最大值为 300m。隧道上部山体阳面多基岩裸露，阴面灌木植被稍发育。

1.1.2　地层岩性

杜公岭隧道上覆岩层与周边围岩主要由第四系上更新统坡洪积层黄土状粉土和碎石土、石炭系中统本溪组泥岩和山西式铁矿、奥陶系中统上马家沟组二段灰岩和一段泥灰岩、灰岩组成。各层赋存状况如下。

1. 第四系上更新统坡洪积层

该层主要为黄土状粉土和碎石土。其中黄土状粉土呈褐黄色，虫孔发育，垂直节理发育，含零星钙质结核，松散～稍密，厚度 2～10m。碎石土呈褐黄色，母岩为灰岩、泥灰岩，多呈棱角状～次棱角状，均匀性差，松散～稍密，碎石含量在 30%左右，粉土、粉质黏土充填。

2. 石炭系中统本溪组

该层主要为含铁质、铝土质泥岩以及山西式铁矿，出露面积较少，仅在右洞 YK34+500～YK34+800 北侧山顶出露，与下伏奥陶系中统上马家沟组地层呈不整合接触；本组可见厚度 20m 左右。其中，山西式铁矿呈鸡窝、透镜、团块等状，镶嵌在奥陶系中统上马家沟组厚层灰岩裂缝中，矿物以含硫量高的黄铁矿为主。

3. 奥陶系中统上马家沟组二段

该层岩性主要为灰黑色中厚层灰岩、豹皮灰岩，在隧址区山顶普遍分布，且呈西部薄、东部厚的特点，最厚处约 120m。

4. 奥陶系中统上马家沟组一段

该层岩性上部为 46～48m 厚泥灰岩，下部为泥灰岩、灰岩互层，底部泥灰岩中含石膏透镜体；岩层呈隐晶质结构、层状构造，白云石含量高，角砾状构造发育；同时，发育有闭合状节理裂隙，钙泥质充填；该层厚度 95～150m，总体呈西部厚、东部薄的特点。

1.1.3 地质构造

杜公岭隧道隧址区地质构造主要为褶皱、断层及节理裂隙。

1. 褶皱

褶皱构造发育于洞身 K34+900～K35+200 段，由两个向斜(S1、S3)、一个背斜(S2)组成。其中，S1 向斜走向近南北向，与隧道呈 84°斜交(左线 ZK34+953、右线 YK34+950)，东翼产状为 200°∠5°，西翼产状为

122°∠25°；S3 向斜走向 NNW24°～SSE156°，与隧道呈 72°斜交(左线 ZK35+164、右线 YK35+180)，东翼产状为 280°∠20°，西翼产状为 80°∠4°；S2 背斜走向 NNW8°～SSE172°，与隧道呈 88°斜交(左线 ZK35+072、右线 YK35+078)，东翼产状为 122°∠25°，西翼产状为 280°∠20°。

褶皱构造段的隧道围岩为泥灰岩。由于泥灰岩的隔水作用，地下水沿 S1、S3 向斜构造在隧道周边汇集，并向隧道内排泄。

2. 断层

断层发育于隧道 ZK34+637、YK34+648 处，为逆断层(F1)，产状为 253°∠85°，与隧道正交(图 1.1)。断层破碎带厚 2～3m、断距 20～30m。断层上盘与下盘的错动造成断层两侧隧道地层岩性差异性较大，其中，断层上盘(断层出口方向)围岩以上马家沟组一段泥灰岩为主，产状为 155°∠9°，隧道 85%的病害位于上盘区段；断层下盘(断层进口方向)围岩以上马家沟组二段灰岩为主，产状为 155°∠10°。

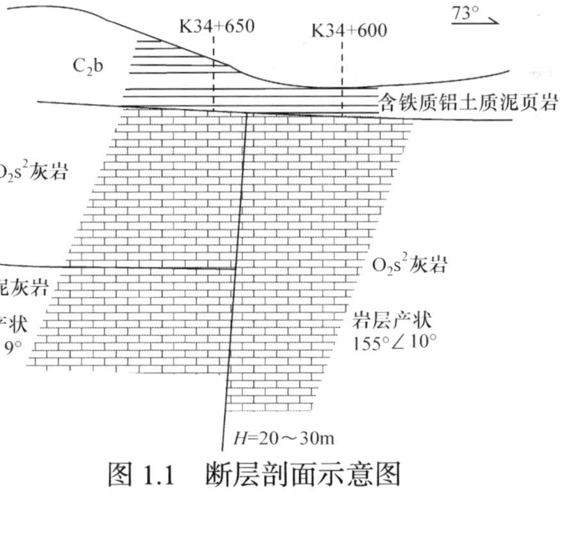

图 1.1　断层剖面示意图

3. 节理裂隙

隧址区岩层产状以 210°∠3°为主，岩体除层面外，发育 2 组主要节理裂隙：隧道进口端产状分别为 170°∠80°、272°∠81°，两组节理密度为 2～3 条/m；出口端产状分别为 182°∠83°、263°∠83°，两组节理密度为 2～3 条/m。

1.1.4 不良地质

杜公岭隧道隧址区不良地质主要为地表矿坑与溶蚀。

1. 地表矿坑

地表矿坑为本溪组浅层铁矿矿坑，主要开采于 1958～2004 年。地表矿坑主要分布于隧道 K34+500～K34+800 段，东西长约 260m，南北宽约 120m，共计 100 余处。地表矿坑大小不一，多呈条带状、椭圆状(图 1.2)，一般可见深度为 1.5～9m。

图 1.2 部分废弃铁矿矿坑

2. 溶蚀

泥灰岩中夹杂石膏岩将导致地层中产生碳酸盐与硫酸盐共同作用的溶蚀现象。其中，石膏易溶于水形成硫酸盐溶液，促使地层发生去白云石化作用而形成蜂窝状溶蚀结构，为地下水的进一步入渗提供了路径，从而使得水能进入岩层内部产生溶蚀。同时，无论是二水石膏脱水生成硬石膏还是硬石膏发生水化形成二水石膏，都将发生膏溶作用，进而影响碳酸盐的溶化强度与机制，加速地层中碳酸盐的溶蚀。而且由于硫酸盐岩层薄而质软，大型岩溶洞穴难以长期保留。

隧址区岩溶发育强烈，多以溶槽、溶孔及溶洞等形式存在(图 1.3)，并存在相互连通现象，在隧道内多处钻孔出现吹风现象。从隧道纵向上分析，溶洞则多揭露于隧道断层上盘，且多发育在隧道边墙以上部位，溶洞多为干溶洞，未见地下水汇集；洞底部多由碎石土充填，且部分溶洞可见地下水流侵蚀与冲刷痕迹，溶洞大小多受上部与底部的岩层岩性控制，洞高一般在 2～4m。因此，造成杜公岭隧道岩体岩溶发育强烈，并以溶孔、溶槽和小型溶洞为主，局部围岩十分破碎，具体溶洞信息如表 1.1 所示。

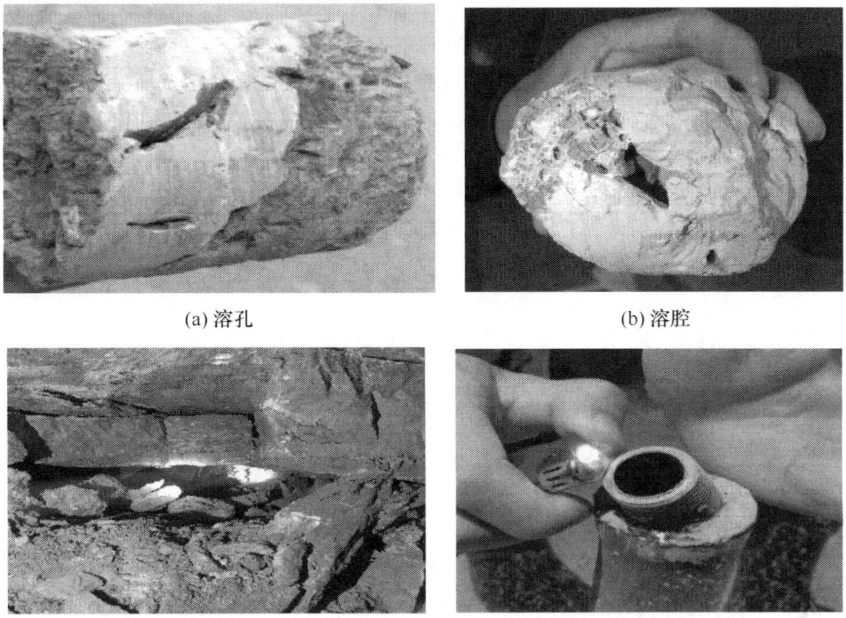

(a) 溶孔　(b) 溶腔

(c) 溶洞　(d) 钻孔吹风

图 1.3　现场各类形态的岩溶及钻孔吹风现象

表 1.1　杜公岭隧道揭露的部分溶洞信息

序号	桩号	位置	规模	照片	序号	桩号	位置	规模	照片
1	YK34+820	拱顶	长 10m 宽 2.5m 高 3m	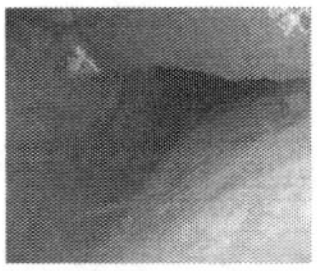	3	YK35+074	拱顶	长 3m 宽 1.6m 高 6m	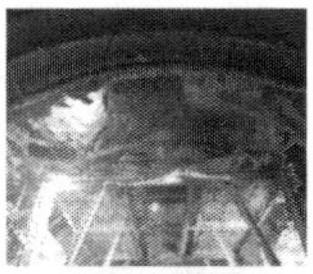
2	YK35+058	拱顶	长 5m 宽 4m 高 5.6m	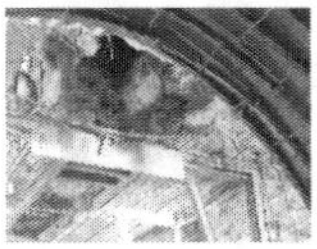	4	ZK35+099	右拱肩	长 10m 宽 8.0m 高 4.2m	

续表

序号	桩号	位置	规模	照片	序号	桩号	位置	规模	照片
5	ZK35+036	拱顶	长 3.5m 宽 2.3m 高 8m		7	ZK35+047	拱顶	长 3m 宽 3m 深 3m	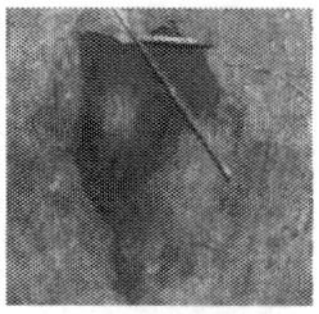
6	ZK35+075	右拱肩	长 3m 宽 3m 深 3m	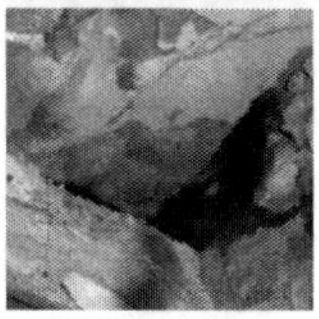	8	ZK35+302	右拱肩	长 4.8m 宽 7.2m 深 3.2m	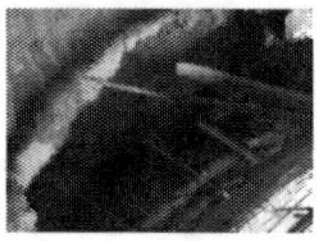

1.1.5 特殊岩土

杜公岭隧道特殊岩土主要为石膏质岩和泥灰岩。

1. *石膏质岩*

山西省奥陶系石膏质岩分布空间具有明显的分带性(图 1.4)，总体可以划分为五台山隆起带、系舟山—禹门口凹陷带、阳泉—侯马隆起带、长治—垣曲凹陷带以及平顺—晋城隆起带。一般认为水下隆起带不利于石膏的形成，石膏层位较薄。奥陶系石膏层的赋存呈北东—南西向延伸，层厚呈南厚北薄、西厚东薄的特点；石膏质岩层位主要有下马家沟组一段、上马家沟组一段及峰峰组一段，其中马家沟组一段以纹层状石膏、鸡笼铁丝状石膏为主，主要分布在临汾地区，其次为柳林、孝义一带。

根据图 1.4 所示，平顺县位于平顺—晋城隆起带上，属于不利于石膏质岩形成区域。根据《平顺县矿产资源规划》，平顺县石膏质岩主要分布在杜公岭隧道东南部的牛石窑和杏城一带(距隧道直线距离约 26km)，而隧址区石膏赋存情况未曾揭露过。为获取石膏质岩分布范围，对隧道周边围岩进行了钻孔取样(图 1.5)，共计完成 121 个断面、225 个隧道围岩试样。

岩样送检测试结果如下：

(1) 隧道洞身地层主要成分为方解石、白云石、石英、钾长石、斜长石、石膏、硬石膏。其中，石膏(二水石膏与硬石膏)含量最大达 90%

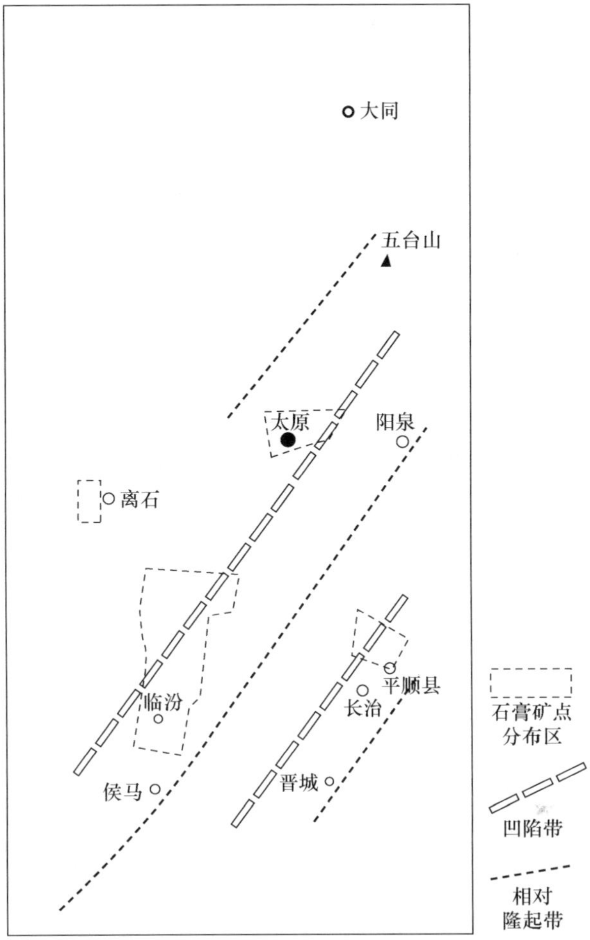

图 1.4　山西省奥陶系石膏矿分布略图

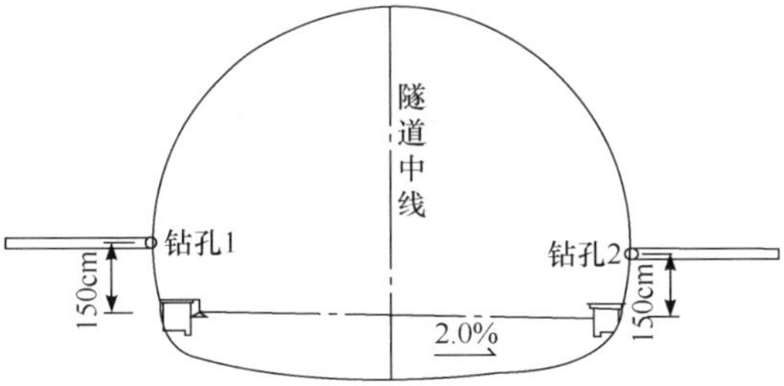

图 1.5　围岩取芯方案及现场照片

以上，部分岩样矿物成分鉴定结果如表 1.2 所示，岩样显微镜下的形态如图 1.6 所示。

表 1.2　岩样矿物成分鉴定结果

岩样编号	岩样名称	主要矿物	次要矿物	副矿物	鉴定结论
1	微晶白云岩	白云石 90%～95%	方解石 6%～8%	锆石	该岩样浅灰色，微晶结构，块状构造。矿物成分主要为白云石，含少量方解石
2	硬石膏石膏岩	石膏 85%	白云石 7%～9% 硬石膏 6%～8%	锆石	该岩样灰白色，纤维状结构，交代残余结构，层状构造。矿物成分主要为石膏，其次为硬石膏和白云石
3	白云石石膏岩	石膏 80%～85% 白云石 10%～15%	硬石膏 4%～6%	锆石	该岩样灰色，纤维状结构，纹层状构造。矿物成分主要为石膏和白云石，其次为硬石膏
4	硬石膏石膏岩	石膏 90%	白云石 4%～6% 硬石膏 4%～6%	锆石	该岩样灰白色，纤维状结构，交代残余结构，层状构造。矿物成分主要为石膏，其次为硬石膏和白云石
5	白云石石膏岩	石膏 75% 白云石 15%～20%	硬石膏 6%～8%	锆石	该岩样灰色，纤维状结构，纹层状构造。矿物成分主要为石膏和白云石，其次为硬石膏
6	石膏	—	—	—	该岩样晶体较大，巨晶结构，块状构造，石膏晶体无色、透明

图 1.6　石膏岩薄片

(2) 在 121 个隧道断面中有 42 个断面测试出围岩中含有硬石膏或石膏，占全部断面的 35%；在 225 个隧道围岩试样中有 67 个检测出硬石膏或石膏，占全部试样的 30%。围岩试样浸水后具有明显的溶蚀现象，测试获得最大含水率为 0.75%，平均含水率为 0.43%，天然状态下平均含水率为 0.1195%。

(3) 42 个含石膏质岩断面呈非连续分布，考虑地层岩性分布的复杂性(图 1.7)，可认为杜公岭隧道石膏质岩在隧道纵向上发育不具规律性。

图 1.7　ZK35+073 围岩照片

根据现场钻孔情况揭示，杜公岭隧道石膏质岩与泥灰岩共生，夹于泥灰岩中，呈层状、透镜状产出，其颜色与泥灰岩相近，呈灰白色，局部呈灰褐色(图 1.8)，太阳暴晒后，风化裂隙比较发育，大部分呈碎块状。

图 1.8　隧道弃渣场石膏块

2. 泥灰岩

隧道围岩中奥陶系中统上马家沟组一段泥灰岩具有遇水软化、失水崩解、强度降低的特点，根据对现场岩芯的测试结果(表 1.3)，可知泥灰岩自由膨胀率为0.001%～0.094%，膨胀应力为0.51～20.6kPa，饱和吸水率为2.9%～6.0%，软化系数为0.230～0.818。

表1.3　泥灰岩试验测试结果

序号	孔号	位置	钻孔性质	取样深度/m	自由膨胀率 F_s/%	膨胀应力 P_p/kPa	饱和吸水率 ω_{sr}/%	天然抗压强度/MPa	饱和抗压强度/MPa	软化系数 δ
1	ZK4′	K34+950	斜孔	4.4～5.0	—	—	—	34.8	14.4	0.414
				6.5～7.5	0.019	0.51	5.1	—	18.1	—
2	ZK5′	K34+953	斜孔	2.0～2.8	0	1.50	5.2	26.9	22.0	0.818
3	ZK8	K34+990	斜孔	3.0～4.0	—	1.50	5.2	24.9	16.9	0.679
4	ZK19	K35+370	斜孔	2.6～3.4	0.001	4.13	6.0	20.4	16.2	0.794
5	ZK4	K34+822	斜孔	0.8～1.4	0.006	0.99	4.6	12.0	9.0	0.750
6	ZK5	K34+990	斜孔	3.6～4.2	—	2.50	4.5	—	34.4	—
7	ZK15	K35+155	斜孔	3.8～4.6	0.094	20.6	2.9	29.6	21.5	0.726
8	ZK9	K35+045	斜孔	4.5～5.0	—	—	—	37.1	8.53	0.230

对泥灰岩中石膏岩而言，其遇水膨胀特性更为明显。例如，硬石膏在遇水变成二水石膏的过程中，体积膨胀65%～70%，膨胀应力可达到572～824kPa。对杜公岭隧道石膏质岩块高温脱水后获得的硬石膏再浸水进行膨胀应力和软化特性试验测试，测试结果显示，石膏含量大于90%的试样膨胀应力达1.94～3.1MPa(图1.9)；硬石膏岩在假定内部骨架结构不变时遇水后的力学强度受其自身石膏含量、硬石膏向二水石膏转化程度综合作用与影响，最大软化系数达0.5。

1.1.6　水文地质及气象

1. 气象

隧址区属温带半干旱大陆性气候，年平均气温为9.2℃，其中1月

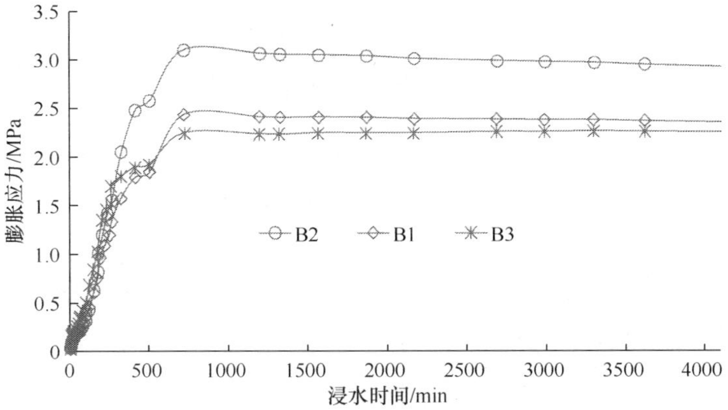

图 1.9　硬石膏岩膨胀应力试验结果

最冷，平均气温为–5.8℃，7 月最热，平均气温为 22.6℃；年平均降水量为 592.33mm，主降水期为 7～9 月，降水量占全年降水量的 56%～70%；霜冻期自 10 月上旬至次年 4 月中旬，无霜期 150 天，最大冻土深度约 1.0m。

2. 地表水系

隧址区地表水系以杜公岭为分水岭 (桩号 ZK34+520、YK34+530)，以西地表水经大岭沟、上庄、南五马、苗庄汇入西社河，以东地表水经后鸦沟、前鸦沟、大渠、王庄、平顺县城汇入百里滩河(图 1.10)。

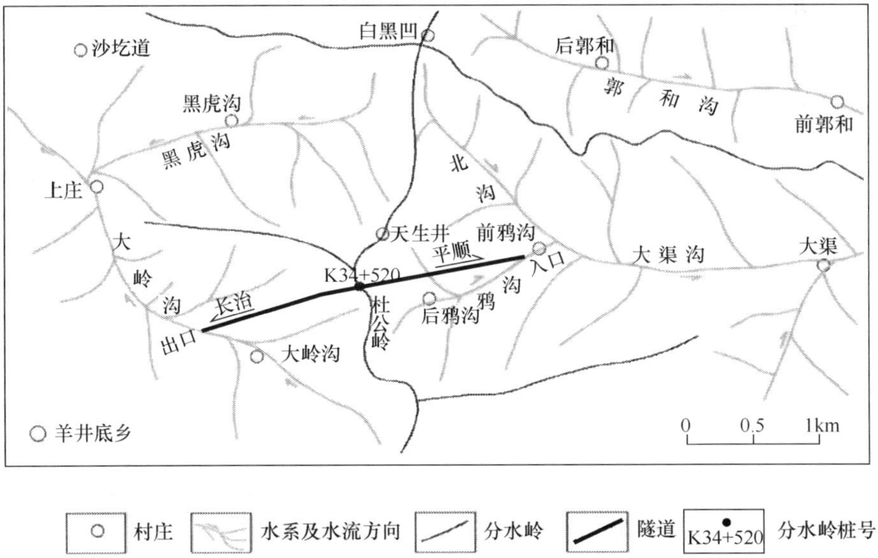

图 1.10　隧址区水系分布图

3. 地下水

隧址区域地下水类型为碳酸盐岩裂隙岩溶水和上层滞水。其中，碳酸盐岩裂隙岩溶水位标高为 815～832m，远低于隧道设计高程 1205～1269m，因此该地下水类型对杜公岭隧道基本无影响。

上层滞水的隔水层岩性为泥灰岩，含水层岩性为石灰岩，该类型地下水主要来源于大气降水补给，季节性变化较大，是杜公岭隧道地下水的主要类型，隧址区地表水与地下水测试结果如表 1.4 所示。由表可知：

(1) ZK35+295 水化学类型为 OH^{-}-Ca^{2+}+Na^{+}型、OH^{-}+SO_4^{2-}-Ca^{2+}+Na^{+}型，矿化度高达 1585.3～2180.3mg/L，表明该水样受施工中工程试剂影响。

(2) 地表泉水、隧道内渗水同属于上层滞水，其水化学类型主要为 HCO_3^{-}-Ca^{2+}+Mg^{2+}型、HCO_3^{-}+SO_4^{2-}-Ca^{2+}型和SO_4^{2-}-Ca^{2+}型。

(3) 根据洞内探坑及钻孔揭示，含水层岩性为石灰岩，隔水层岩性为泥灰岩。

(4) 依据《公路工程地质勘察规范》(JTG C20—2011)中“水和土的腐蚀性评价”标准，隧道地下水对混凝土和钢筋的腐蚀性为弱～微腐蚀。

表 1.4　杜公岭隧道水质化验结果

水质化验指标		大岭沟下降泉(S1)	北沟下降泉(S2)	ZK35+295基底探坑(S3)	ZK35+295墙面渗水(S4)	ZK34+954(S5)
阴离子/(mg/L)	Cl^{-}	8.9	8.9	12.4	8.9	5.3
	SO_4^{2-}	50.4	62.4	357.8	641.2	365.0
	HCO_3^{-}	183.2	139.8	0	0	34.2
	CO_3^{2-}	0	0	76.0	94.7	0.0
	NO_3^{-}	0.8	5.1	4.2	3.2	4.2
	NO_2^{-}	0.012	0.012	4.97	5.0	0.023

续表

水质化验指标		大岭沟下降泉(S1)	北沟下降泉(S2)	ZK35+295 基底探坑 (S3)	ZK35+295 墙面渗水 (S4)	ZK34+954 (S5)
阴离子/(mg/L)	F^-	0.4	0.2	1.2	0.2	—
	OH^-	—	—	371.4	440.7	—
阳离子/(mg/L)	Ca^{2+}	46.1	59.1	337.7	491.0	117.2
	Mg^{2+}	15.2	4.3	1.2	1.2	18.2
	K^+	2.2	0.9	180.0	181.0	7.0
	Na^+	17.0	14.5	235.0	310.0	20.5
	NH_4^+	<0.1	<0.1	2.8	3.0	<0.1
	Fe^{3+}	<0.1	<0.1	<0.1	<0.1	0.1
	Fe^{2+}	<0.1	<0.1	0.1	0.1	0.1
pH		7.6	7.7	12.4	12.35	7.63
侵蚀 CO_2 浓度/(mg/L)		2.2	2.2	0	0	0
矿化度/(mg/L)		232.6	225.3	1585.3	2180.3	555.4
地下水类型		HCO_3^--Ca^{2+}+Mg^{2+}型	HCO_3^-+SO_4^{2-}-Ca^{2+}型	OH^--Ca^{2+}+Na^+型	OH^-+SO_4^{2-}-Ca^{2+}+Na^+型	SO_4^{2-}-Ca^{2+}型

1.2　工程设计信息

杜公岭隧道采用设计速度为 80km/h、上下行分离的四车道高速公路隧道，隧道起讫桩号为左线 ZK33+226～ZK35+700，全长 2474m，右线 YK33+227～YK35+742，全长 2515m；隧道最大埋深 231m(位于 YK34+720)。隧道左、右线进口端分别位于 R=2597.87m 和 R=2200m 的平曲线上，出口端分别位于 R=3000m 和 R=3100m 的平曲线上，其余大部分为直线段，除进出口局部段落外，左右线间距大于 20m，洞内纵坡坡度为−2.650%和−2.900%。隧道基本情况如表 1.5 所示。

表 1.5　杜公岭隧道基本情况表

1	隧道名称	杜公岭隧道	2	路线名称	长平 高速公路	3	入口桩号	左线： ZK35+700 右线： YK33+227
4	隧道 全长/m	左线：2474 右线：2515	5	衬砌类型	复合衬砌	6	洞门类型	端墙式 削竹式
7	路面类型	沥青混凝土	8	排水方式	中心 排水管	9	最大 净高/m	7.09
10	拱圈 矢高/m	2.09	11	侧墙高度/m	4.00	12	最大 净宽/m	10.56
13	行车 道宽度/m	3.75	14	检修道 宽度/m	内侧：0.95 外侧：0.85	15	通风方式	机械通风
16	有无照明 设施	有	17	有无消防 设施	有	18	有无通信 设施	有
19	有无横洞	车行横洞：3 处 人行横洞：4 处	20	有无竖井	无	21	建成年限	2012 年
工程概况补充说明：单向行车双车道；隧道设计车速为 80km/h；建筑限界净高为 5m								

1.2.1　隧道建筑限界及内轮廓

隧道建筑限界设计为净宽 10.25m(单洞)、净高 5.0m；隧道断面采用三心圆(曲墙半圆拱)形式的内轮廓，拱半径为 5.40m，曲墙半径为 7.90m；隧道车辆行驶方向左侧检修道设置尺寸为 65cm×65cm 的电缆沟，右侧检修道设置尺寸为 55cm×55cm 的电缆沟。隧道排水边沟的设置为左洞单侧(在路面横坡低侧)，右洞双侧。隧道内轮廓设计如图 1.11 所示。

1.2.2　隧道衬砌支护结构类型

隧道按新奥法原理进行设计，采用复合式衬砌，以锚杆、喷混凝土或钢筋网喷混凝土、钢架为初期支护，模筑素混凝土或钢筋混凝土为二次衬砌，共同组成永久性承载结构。隧道衬砌支护参数详见表 1.6。

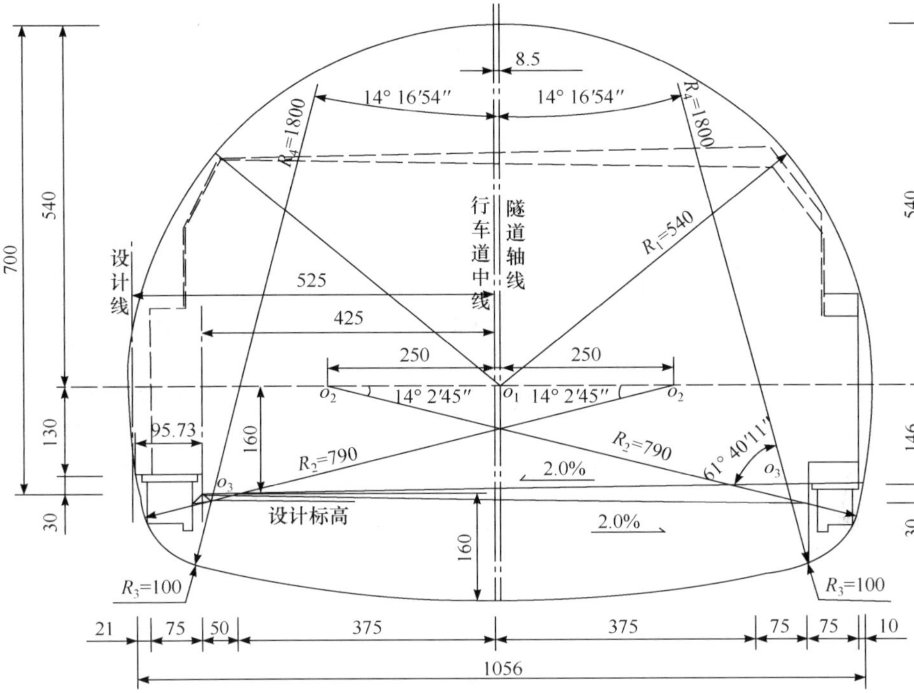

图 1.11　杜公岭隧道内轮廓设计图(单位：cm)

表 1.6　杜公岭隧道衬砌支护参数表

序号	衬砌类型	初期支护					二次衬砌		辅助措施
		喷 C20 混凝土	钢筋网	锚杆		钢架	拱墙	仰拱	
1	V_q	24	ϕ8 20×20	D25 中空注浆锚杆	100×60 L=350	I18 工字钢@60	50 钢筋混凝土		ϕ108 超前大管棚，环距 45；ϕ42 超前小导管，L=350，环距 35，排距 180
2	$\mathrm{V}_{深}$	22	ϕ8 20×20	D25 中空注浆锚杆	100×80 L=350	I16 工字钢@80	45 钢筋混凝土		ϕ42 超前小导管，L=350，环距 35，排距 160
3	IV_a	20	ϕ8 20×20	ϕ22 砂浆锚杆	100×100 L=300	格栅钢架@100	40	无	超前锚杆 D25，L=350，环距 40，排距 200
4	IV_b	15	ϕ8 20×20	ϕ22 砂浆锚杆	100×100 L=300	无	40	无	无

续表

序号	衬砌类型	初期支护					二次衬砌		辅助措施
		喷 C20 混凝土	钢筋网	锚杆		钢架	拱墙	仰拱	
5	Ⅲ	10	无	ϕ22 砂浆锚杆	120×120 L=250	无	35	无	无
6	$Ⅳ_{\text{紧加}}$	22	ϕ8 20×20	ϕ22 砂浆锚杆	100×100 L=300	I16 工字钢@80	55 钢筋混凝土		超前ϕ42 小导管，L=350，环距 40
7	$Ⅳ_{\text{紧}}$	20	ϕ8 20×20	ϕ22 砂浆锚杆	100×100 L=300	格栅钢架@80	50 钢筋混凝土		超前ϕ42 小导管，L=350，环距 40

注：表中直径单位为 mm，其余为 cm。

1.2.3　隧道防排水设计

隧道洞身防水是在二次衬砌与初期支护之间铺设乙烯-乙酸乙烯共聚物(EVA)复合防排水层，二次衬砌采用防水混凝土，抗渗标号不小于 P8，以提高衬砌结构的自防水能力和结构的耐久性；全隧道二次衬砌施工缝设膨胀止水条、沉降缝设止水带。

隧道洞身排水是在衬砌拱背防水层与喷射混凝土层之间设纵环向盲沟。纵向盲沟设在边墙底部，沿隧道两侧，全隧道贯通；环向盲沟沿隧道拱背环向布设，每 15m 一道，并下伸到边墙脚与纵向盲沟相连，在遇有地下水较大的地段或有集中渗水地段应加设环向盲沟，衬砌背后的地下水通过环向盲沟、无纺布汇集到纵向盲沟以后，通过横向排水管将地下水引入中心水沟排出洞外。

1.2.4　隧道路面设计

隧道洞内路面采用复合式沥青路面。上面层：细粒式 AC-13 型改性沥青混凝土，厚 4cm；中粒式 AC-20 型改性沥青混凝土，厚 6cm。下面层：C35 水泥混凝土，重车段厚 28cm，非重车段厚 26cm。垫层：C15 混凝土，厚 15cm。

第 2 章　隧道工程病害发展规律

识别隧道病害类型、统计分析隧道病害特点及病害的发展规律，是公路隧道病害治理的基础，本章将从杜公岭隧道的病害发育历史、典型病害类型、病害总体发展规律这三个方面来阐述隧道病害的发展规律。

2.1　病害发展历史

杜公岭隧道病害的发展主要经历了以下几个阶段：

(1) 2012 年 3 月，杜公岭隧道首次发现左洞 ZK34+935～ZK35+180 段、右洞 YK34+800～YK35+005 段二次衬砌出现间断性纵向裂缝，裂缝多分布在距边墙底部以上 2～3m，局部有环向和斜向裂缝。

(2) 2012 年 12 月底，在隧道左洞 ZK35+260～ZK35+300 段路面中心发现纵向裂缝，且局部隆起，隆起最大高度约 8cm；ZK35+133～ZK35+173 段两端加宽带堵头墙位置出现裂缝，其裂缝宽度约 5mm，裂缝由拱脚延伸至拱顶，长度约 11m；隧道左洞 ZK34+945～ZK35+095 段、右洞 YK34+810～YK34+840 段和 YK34+955～YK34+985 段二次衬砌裂缝出现不同程度的发展，其裂缝多分布在距边墙底部以上 2～3m，局部有分叉并伴有渗漏水。

(3) 2013 年 11 月，发现隧道左洞 ZK34+300～ZK34+400 段和 ZK34+700～ZK35+550 段 0～950m 及右洞 YK34+450～YK34+650 段和 YK34+700～YK35+250 段 0～750m，隧道二次衬砌开裂、地面隆起、电缆沟变位等病害有所发展。其中，隧道左洞未处理段产生了新的路面隆起；右洞 YK34+810～YK34+840 段左侧墙刻槽加固后，刻槽部位的拱顶位置产生了新的裂缝。

(4) 2014 年 4～7 月，隧道左洞 ZK34+300～ZK34+390 段、ZK34+605～ZK35+550 段 0～1035m 及右洞 K34+430～K35+260 段 0～830m，经检

测均存在不同程度的病害现象。隧道病害类型包括隧道衬砌开裂、衬砌局部崩裂、路面隆起与开裂、检修道变形、渗漏水等，其中隧道衬砌开裂、路面隆起与开裂十分突出。

(5) 2014 年 9 月至 2015 年 9 月，杜公岭隧道特殊地质病害的监测显示，截至 2015 年 8 月，路面新增裂缝 9 条，最大隆起高度约 61cm。部分衬砌裂缝和断面变形仍在发展，其中左洞 ZK35+000～ZK35+020 段共计 20m 由 4 类变为 5 类，ZK35+230～ZK35+245 段共计 15m 由 3 类变为 4 类；右洞 YK35+020～YK35+093 段共计 73m 由 4 类变为 5 类，YK35+093～YK35+125 段共计 32m 由 3 类变为 4 类。

(6) 2015 年 10 月至 2016 年 6 月底，杜公岭隧道病害持续发展，部分位置病害发展较为严重，病害规模与等级均发生了显著变化。其中，左洞又有 3 处共 38m 段落隧道病害发生了明显的变化；右洞有 7 处共 167m 段落隧道病害发生了明显的变化。

(7) 2016 年 7 月至 2017 年 5 月，隧道部分段落病害仍在持续发展。其中左洞 ZK34+730～ZK34+750 段共计 20m 由 4 类变为 5 类，ZK34+707～ZK34+727 段共计 20m 由 4 类变为 5 类；右洞 YK35+300～YK35+333 段共计 33m 由 1 类变为 3 类，YK34+640～YK34+665 段共计 25m 由 1 类变为 3 类，YK34+609～YK34+619 段共计 10m 由 2 类变为 3 类。此外，右洞 YK34+780、左洞 ZK35+053 和 ZK34+990 等附近出现了二次衬砌崩落现象。隧道病害 3 类、4 类和 5 类总规模已达到 1515m。

同时，2016 年 10 月在隧道二次衬砌病害先期开槽检验中发现，隧道初期支护混凝土存在潮湿泥化现象，强度严重不符合原设计要求。经现场分析并送检专业混凝土实验室进行鉴别，发现隧道初期支护混凝土遭到碳硫硅钙石型和钙矾石型侵蚀。

2.2 隧道典型病害类型

杜公岭隧道病害主要为隧道衬砌裂缝、路面隆起与开裂、电缆沟损毁、衬砌局部崩裂、二次衬砌崩塌及隧道衬砌变形侵限。

2.2.1　隧道衬砌裂缝

衬砌裂缝在隧道中广泛分布，截至 2014 年 7 月，隧道病害段衬砌裂缝已达 384 条，且衬砌裂缝不断发展。杜公岭隧道衬砌裂缝主要有以下特点：

(1) 裂缝位置。衬砌裂缝分布位置以边墙居多，拱腰、拱顶局部分布。隧道左、右洞共发育 384 条裂缝，其中 341 条位于边墙位置，占裂缝总数的 89%；17 条位于拱腰位置，占裂缝总数的 4%；26 条位于拱顶位置，占裂缝总数的 7%。

(2) 裂缝形态。在 384 条左、右洞裂缝中，环向裂缝 181 条，占裂缝总数的 47%；纵向裂缝 108 条，占裂缝总数的 28%；斜向裂缝 95 条，占裂缝总数的 25%。

(3) 裂缝深度。对隧道左、右线 17 条典型裂缝采用超声波法或钻孔取芯法进行裂缝深度检测，其中贯通裂缝 8 条，非贯通裂缝 9 条。非贯通裂缝的深度基本上超过了二次衬砌厚度的一半，可见裂缝宽度均呈隧道外表面宽、内表面窄的特点。

杜公岭隧道衬砌裂缝典型照片如图 2.1 所示。

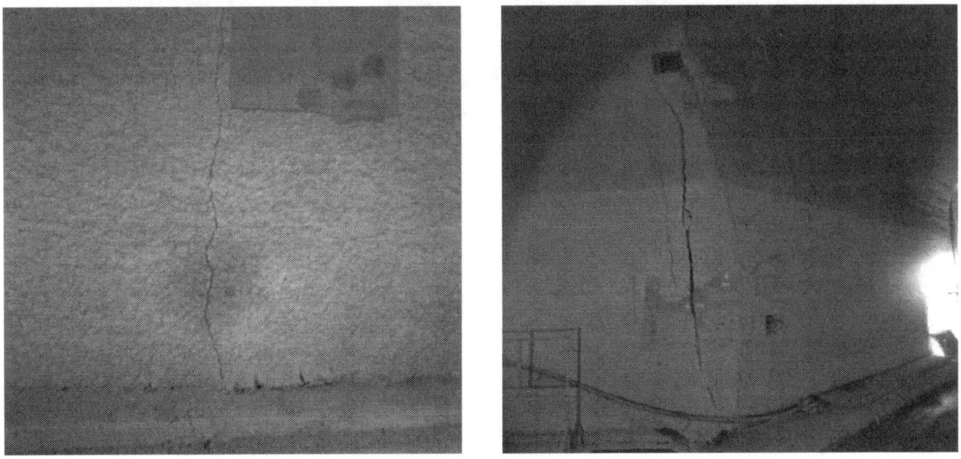

图 2.1　衬砌裂缝

2.2.2　路面隆起与开裂

杜公岭隧道病害中路面隆起与开裂十分严重，且两者往往相伴发生，隧道病害处治前路面结构隆起、开裂不断发展。杜公岭隧道路面病害主要有以下特点：

(1) 路面裂缝。路面裂缝共 38 条。其中，横向裂缝 10 条，斜向裂缝 16 条，纵向裂缝 12 条。

(2) 路面隆起。路面大范围隆起位置 12 处，共 438m，最大隆起高度 61.2cm。其中，折曲形隆起 1 处，共 45m；均匀直线形隆起 5 处，共 205m；倾斜直线形隆起 6 处，共 188m。

(3) 路面脱空。路面脱空 72 段，共 1020m。其中，21 段路面脱空分布在无仰拱区，共 448m；37 段路面脱空分布在素混凝土仰拱区，共 484m；14 段路面脱空分布在钢筋混凝土仰拱区，共 88m。

杜公岭隧道典型病害照片如图 2.2 和图 2.3 所示。

图 2.2　路面隆起

2.2.3　电缆沟损毁

隧道电缆沟损毁病害主要为倾覆、电缆沟与边墙脱离、侧壁开裂与破损等，病害严重的段落发展为电缆沟挤出等现象，其中，隧道左洞比右洞严重，两者电缆沟病害统计情况如下：

图 2.3　路面裂缝

(1) 隧道左洞存在电缆沟倾覆、电缆沟与边墙脱离、侧壁开裂与破损的位置共 54 个区段，共计 918m。其中，左侧 23 段，共 379m，右侧 7 段，共 97m；内倾 22 段，共 404m，外倾 2 段，共 38m。

(2) 隧道右洞存在电缆沟倾覆、电缆沟与边墙脱离、侧壁开裂与破损的位置共 18 个区段，共计 309m。其中，左侧 4 段，共 66m，右侧 6 段，共 96m，内倾 4 段，共 65m，外倾 4 段，共 82m。

电缆沟倾覆及内墙挤出典型病害照片如图 2.4～图 2.6 所示。

图 2.4　电缆沟内倾

图 2.5　电缆沟外倾

图 2.6 内墙挤出

2.2.4 衬砌局部崩裂

衬砌局部崩裂常由衬砌裂缝发展而来，具有突发性，多发生在消防洞室及施工缝处。经调查统计，隧道左、右洞二次衬砌在边墙拱脚位置及预留设备洞室周围出现局部崩裂，共 13 处，其中左洞 8 处、右洞 5 处。典型病害照片如图 2.7 和图 2.8 所示。

图 2.7 边墙崩裂

图 2.8 消防洞室局部崩裂

2.2.5 二次衬砌崩塌

二次衬砌崩塌是隧道病害影响较显著的一种，往往由隧道崩裂发展而来，危害性较大，容易造成行人及施工机械损伤。典型病害照片如图 2.9 所示。

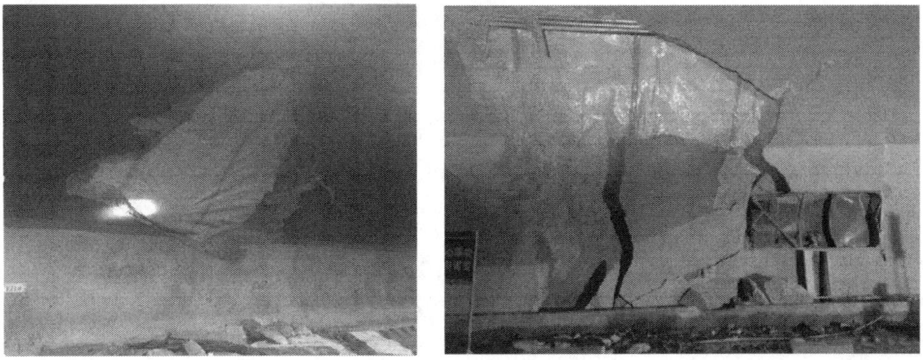

图 2.9　衬砌脱落

2.2.6　隧道衬砌变形侵限

隧道各病害断面均出现不同程度的变形侵限，隧道变形主要为边墙收敛、路面隆起和拱顶下沉等。典型病害照片如图 2.10 所示。

图 2.10　衬砌变形侵限

2.3　典型病害发展案例

2.3.1　二次衬砌裂缝

以 ZK35+173～ZK35+185 段隧道紧急停车带堵头墙处二次衬砌裂缝为典型示例，阐述二次衬砌裂缝发展过程。

(1) 围岩条件和工程设计参数。ZK35+173～ZK35+185 段隧道原设计为Ⅳ级围岩，隧道隧顶为灰岩，洞身、隧底为泥灰岩夹层区段；隧道初期支护结构采用间距 1.0m 的钢格栅、喷 20cm 混凝土，二次衬砌为封闭式(含仰拱)40cm 素混凝土。

(2) 隧道病害总体情况。ZK35+173～ZK35+185 段隧道病害包括纵向和环向裂缝，局部电缆沟与边墙脱离，断面边墙、拱腰收敛；路面隆起严重，路面中部分布有较长的纵向裂缝，雷达探测显示底板结构严重脱空。

(3) 隧道病害发展数据。隧道病害观测期间对 ZK35+173 断面的裂缝进行了观测，2014 年 7 月该裂缝最大宽度仅为 0.7cm，2016 年 2 月发展至 4.8cm，2016 年 7 月已达 5.5cm，2017 年 3 月达 6.2cm，裂缝周边次生裂缝也逐步显现。各时期的裂缝发展情况如图 2.11 所示，监测数据表明该裂缝仍在不断发展。

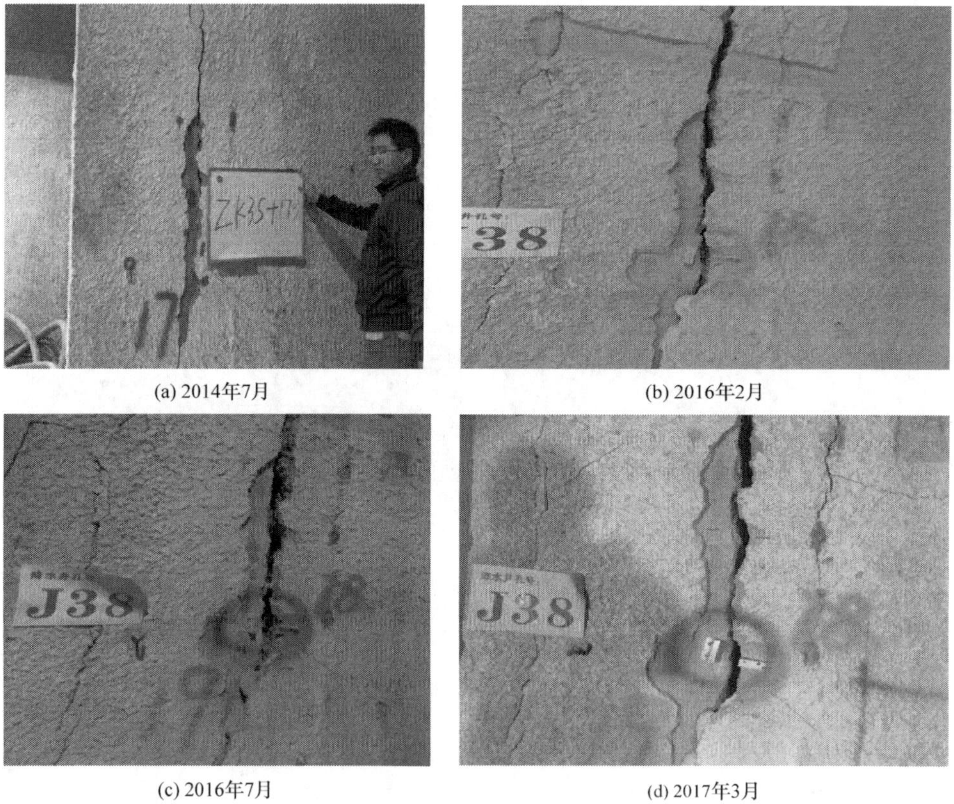

(a) 2014年7月　(b) 2016年2月

(c) 2016年7月　(d) 2017年3月

图 2.11　ZK35+173 断面裂缝发展过程

2.3.2　二次衬砌崩塌

1) YK34+765～YK34+770 段二次衬砌崩塌

(1) 围岩条件和工程设计参数。该段落隧道施工揭露围岩条件较差，距路面 2m 位置为一层灰岩，层厚约 0.6m，围岩比较破碎；上层为泥灰岩，土黄色，呈层状，岩质较弱；下层为块石，围岩破碎，岩质较硬，如图 2.12 所示。该段落隧道原设计为Ⅳ级围岩，隧道初期支护采用间距 1.0m 的 I16 工字钢、喷 20cm 混凝土，二次衬砌为 40cm 素混凝土，未设仰拱。

图 2.12　YK34+765～YK34+770 段隧道施工揭露围岩

(2) 隧道病害发展数据。隧道病害最初表现为二次衬砌表层分布环向、纵向和斜向裂缝；局部电缆沟倾覆，侧壁破损严重，边墙、拱腰出现收敛，2016 年 2 月开始在左侧拱肩部位出现混凝土表层开裂、小范围剥落；剥落部位裂缝扩展、加剧，二次衬砌表层剥落面积逐步增加，2016 年 6～8 月开始出现二次衬砌崩塌。该段落发展过程如图 2.13 所示。

2) ZK35+048～ZK35+058 段二次衬砌崩裂

(1) 围岩条件和工程设计参数。该段落原设计为Ⅴ级围岩，隧顶、洞身、隧底为泥灰岩夹层，隧道初期支护采用间距 0.8m 的 I16 工字钢、喷 22cm 混凝土，二次衬砌为 45cm 素混凝土，仰拱为 45cm 素混凝土。

(2) 隧道病害发展数据。隧道病害最初表现为二次衬砌表层分布较长、较宽的环向、纵向、斜向裂缝；路面局部隆起，有较长的纵向、斜向和横向裂缝；局部电缆沟与边墙脱离；断面异常，边墙、拱腰出现收敛。2016 年 5 月，拱顶处首先出现轻微崩裂、掉块现象，之后崩裂逐渐发展至二次衬砌崩塌后，隧道初期支护也逐渐向下挤出变形，如图 2.14 所示。

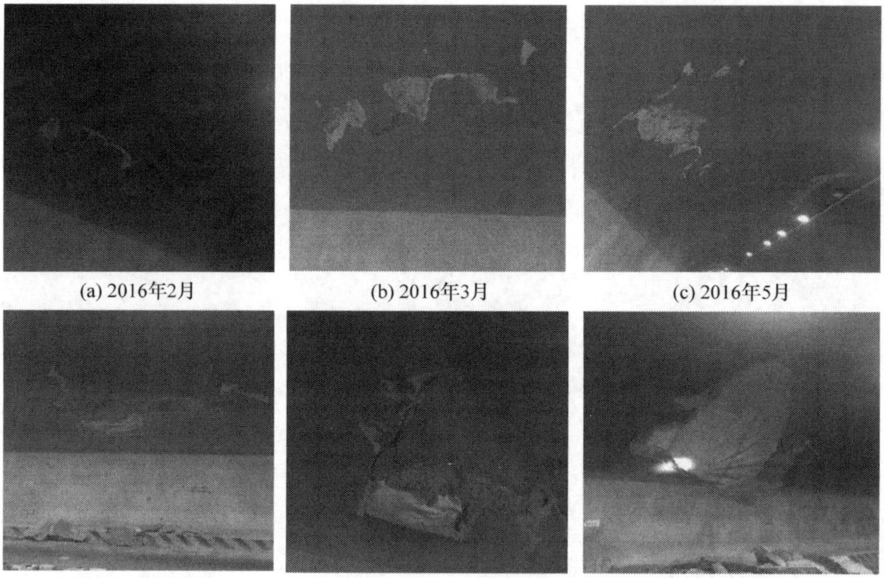

(a) 2016年2月　(b) 2016年3月　(c) 2016年5月

(d) 2016年6月　(e) 2016年7月　(f) 2016年8月

图 2.13　YK34+765～YK34+770 段二次衬砌崩裂过程

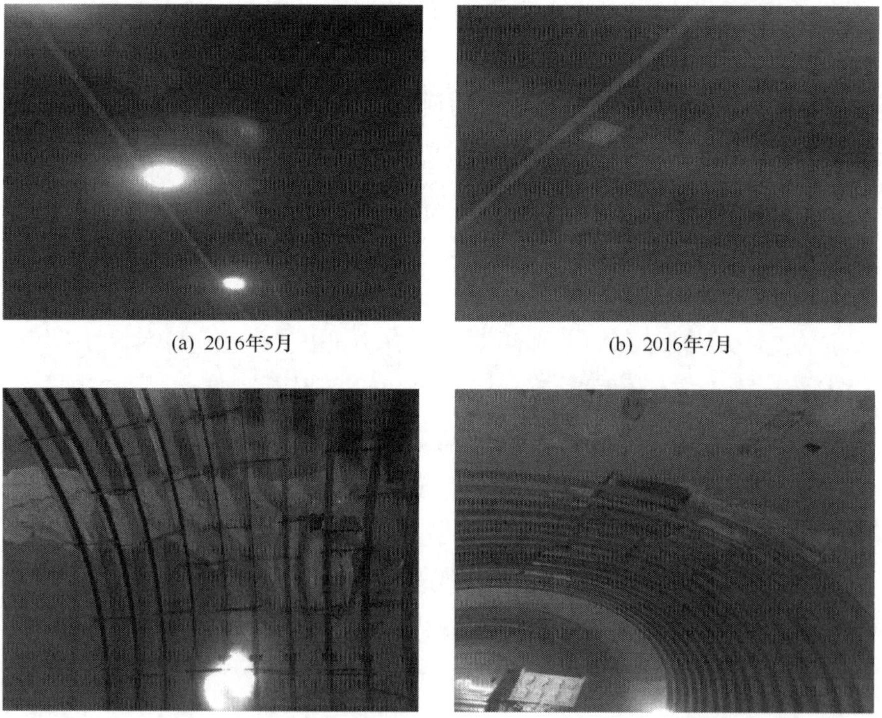

(a) 2016年5月　(b) 2016年7月

(c) 2017年3月1日　(d) 2017年3月8日

图 2.14　ZK35+048～ZK35+058 段二次衬砌崩裂过程

2.3.3　隧道电缆沟围岩侧内墙挤出

隧道电缆沟的常见病害为电缆沟纵向差异性沉降、电缆沟盖板挤出、路面侧侧墙剪断等，在病害监测期，部分电缆沟靠近围岩侧的侧墙剧烈挤出，将原电缆 60cm 的空间全部侵占。此种病害主要以 ZK35+323～ZK35+333 段左侧边墙下部崩裂、电缆沟挤出为代表。

(1) 围岩条件和工程设计参数。ZK35+323～ZK35+333 段隧道原设计为Ⅴ级围岩，隧道初期支护采用间距 0.6m 的 I18 工字钢、喷 24cm C20 混凝土，二次衬砌为封闭式(含仰拱)50cm 钢筋混凝土。ZK35+323～ZK35+333 段隧道病害包括电缆沟与边墙脱离、路面严重隆起和脱空。

(2) 隧道病害发展数据。2014 年，在靠近施工缝部位的二次衬砌混凝土出现崩裂现象，造成电缆沟盖板挤出，2015 年对该部位进行了清除和局部混凝土修补，但修补部位病害在后期仍在持续发展，并于 2017 年 3 月初将电缆沟侧墙挤出，并将电缆沟空间充填，如图 2.15 所示。

(a) 2014年12月　(b) 2016年2月　(c) 2016年6月　(d) 2017年3月

图 2.15　ZK35+323～ZK35+333 段电缆沟变形发展过程

2.3.4 隧道原加固段病害

1) ZK34+707～ZK34+727 段

左洞 ZK34+707～ZK34+727 段建设期设计围岩为Ⅳ级，隧顶为灰岩，洞身、隧底为泥灰岩，隧道初期支护采用间距 1.4m 的 I16 工字钢，喷 20cm C20 混凝土，二次衬砌为 40cm 素混凝土，无仰拱。该段于 2014 年初进行了初次加固处治，加固采用全环刻槽植入格栅，施工缝处刻槽排水。在病害监控期发现，该加固段于 2016 年电缆沟边墙有轻微挤出现象，至 2017 年 3 月发展成电缆沟边墙挤出达 5cm，边墙脚处伴有裂缝出现(图 2.16)。

(a) 衬砌裂缝

(b) 电缆沟挤出

图 2.16　ZK34+707～ZK34+727 段病害状况

2) ZK35+013～ZK35+019 段

ZK35+013～ZK35+019 段原设计围岩为Ⅳ级，隧道初期支护采用间距 1.0m 的钢格栅，喷 20cm 混凝土，二次衬砌为 40cm 素混凝土，无仰拱。该段于 2014 年进行了初次加固处治，采用全环刻槽植入格栅，施工缝处刻槽排水。

该段经处治后于 2016 年 5 月 ZK35+014 左边墙混凝土发生掉块，掉块区域距检修道上方约 1m，影响范围约 $1m^2$，ZK35+017 左边墙混凝土崩裂区域距检修道上方约 1m，影响范围约 $2m^2$，之后病害持续发展，至 2017 年 3 月二次衬砌完全崩落，如图 2.17 所示。

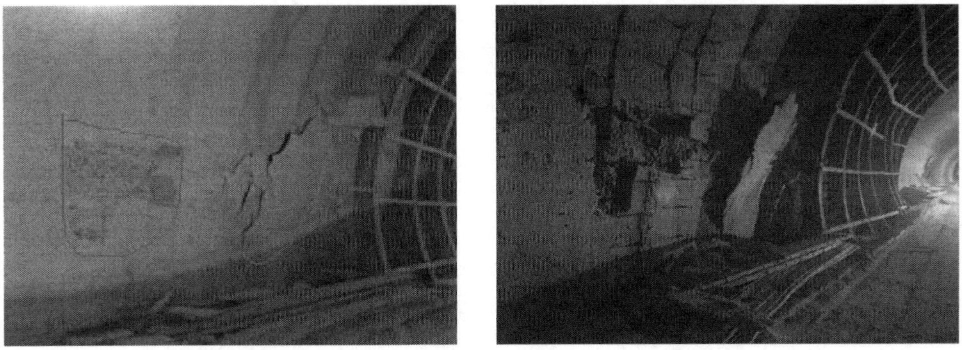

(a) 2016年5月　(b) 2016年6月

图 2.17　ZK35+013～ZK35+019 段病害状况

2.3.5　隧道衬砌混凝土硫酸盐侵蚀

YK34+482～YK34+524 段设计为Ⅳ级围岩，隧道初期支护采用间距 1.0m 的 I16 工字钢+20cm 的 C20 锚喷混凝土，隧道二次衬砌为 40cm 的 C25 素混凝土，其中 YK34+500 右侧设一消防洞室，该洞室病害发展过程如下：

(1) 2017 年 3 月施工安全巡查过程中发现消防洞室周边出现崩裂现象；4 月监测数据显示消防洞室左上方斜向裂缝长度及宽度增大，由拱肩向上方扩展；5 月、6 月裂缝持续发展，并出现小范围的混凝土表层剥离；7 月该处混凝土发生突发性崩落(图 2.18)。

(2) 消防洞室内侧混凝土在病害发展过程中表现为内部(二次衬砌、初期支护)混凝土向外膨胀变形，显现“鼓肚子”状(图 2.19)，鼓出 5～10cm；该处混凝土崩落后裸露出的防水板向外膨胀尤为明显，背后其初期支护混凝土呈潮湿状，手捏即呈泥沙状。

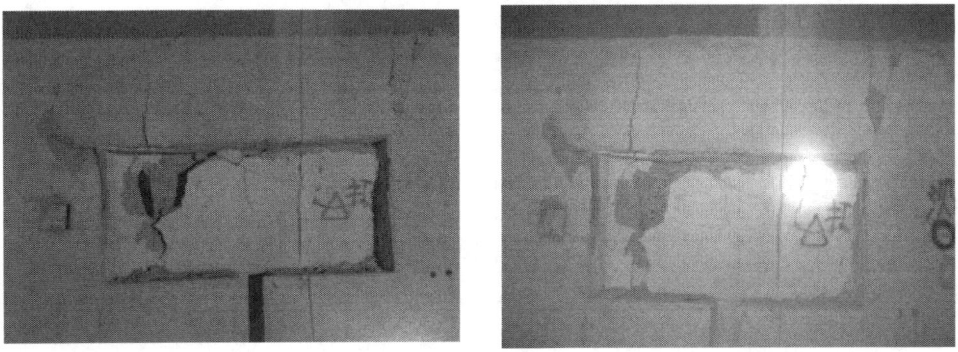

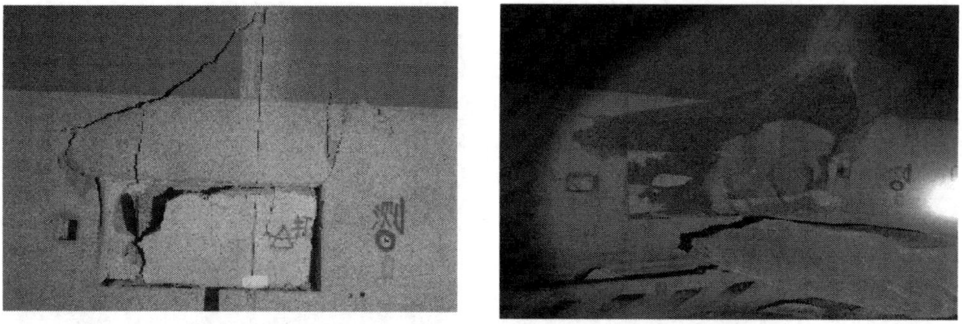

图 2.18　YK34+500 消防洞室处病害发展过程

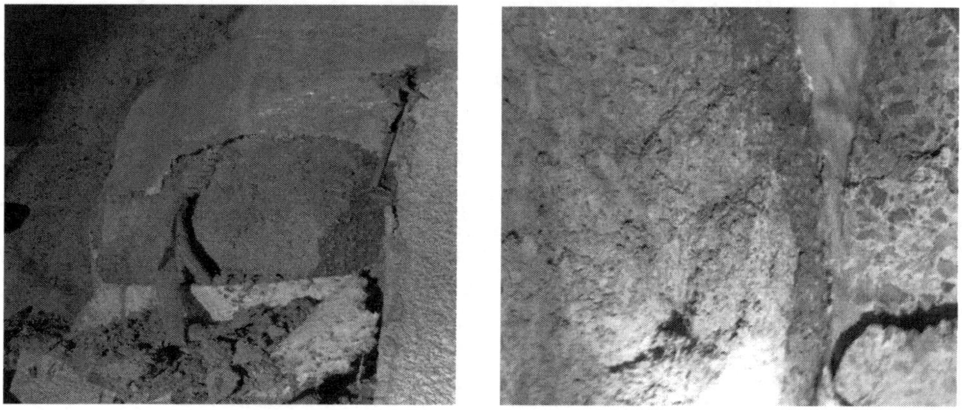

图 2.19　YK34+500 混凝土现场照片

(3) 经现场取样送检鉴定,该处隧道围岩鉴定为石膏含量 97%～98%的石膏岩(图 2.20)。隧道初期支护混凝土成分中，碳硫硅钙石含量达 19.3%，石膏含量为 17.1%，钙矾石含量为 3.8%。该断面是杜公岭隧道病害处治期间最后一个典型的碳硫硅钙石型硫酸盐侵蚀(简称 TSA)断面。

图 2.20　YK34+500 围岩揭露及送检岩样照片

2.4　病害总体发展规律

2.4.1　病害类型

杜公岭隧道历年的病害类型如表 2.1 所示，隧道病害类型呈逐年增加的规律。

表 2.1　杜公岭隧道历年的病害类型

年份	衬砌裂缝	路面隆起	路面开裂	电缆沟倾覆	局部崩裂	变形侵限	二次衬砌崩塌	电缆沟内墙挤出
2012	√	√	√					
2013	√	√	√	√				
2014	√	√	√	√	√	√		
2015	√	√	√	√	√	√		
2016	√	√	√	√	√	√	√	√
2017	√	√	√	√	√	√	√	√

2.4.2　病害规模

自 2012 年 490m 的病害规模发展至 2017 年初已达到 2321m，达到隧道总长度的 47%，历年病害规模情况如图 2.21 所示，隧道病害总体

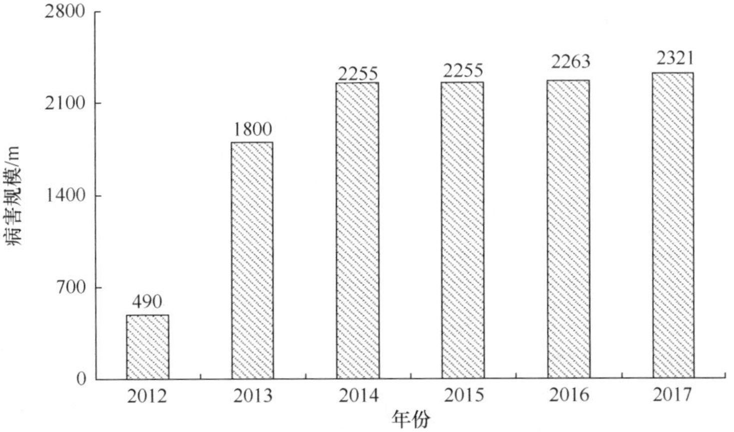

图 2.21　杜公岭隧道历年病害规模统计

规模发展最快的是 2013 年和 2014 年，这两年新增病害规模为 1765m，占全部病害的 76%；2015～2017 年新增病害发展速度较缓，2016 年新增 8m，2017 年新增 58m。可见，隧道病害规模前期发展快速，后期增速变缓。

2.4.3 病害程度

根据《公路隧道养护技术规范》(JTG H12—2015)对病害等级的划分规定，杜公岭隧道各级病害规模的历年变化如图 2.22 所示。

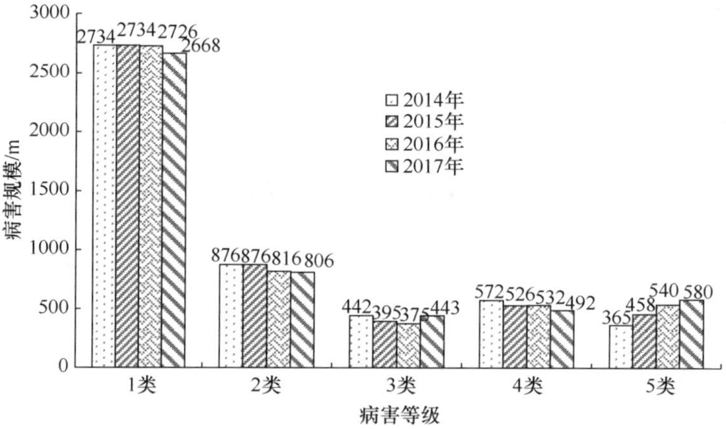

图 2.22 杜公岭隧道各级病害规模的历年变化

1 类(即隧道结构性状良好、安全)、2 类(即不影响隧道车辆通行安全，有待观测)隧道病害规模由 2014 年到 2017 年逐年减少，3 年共计分别减少 66m 和 70m。

3 类、4 类隧道病害规模在 2014～2017 年有增有减，表明该期间隧道病害仍在动态发展中。

5 类隧道病害规模在 2014～2017 年逐渐增加，共计增加了 215m，其中 2014～2015 年、2015～2016 年增加最快，每年增加 80m 以上。

第 3 章　隧道病害成因分析与演化分析

3.1　隧道病害成因分析

公路隧道病害是隧道建设中各类因素综合作用下的宏观反映，根据隧道病害工程调查，可从隧道工程建设条件、隧道工程设计和隧道工程施工三个方面进行综合分析，对此构建形成以下框架体系(称为隧道病害成因分析框架体系)，如图 3.1 所示。

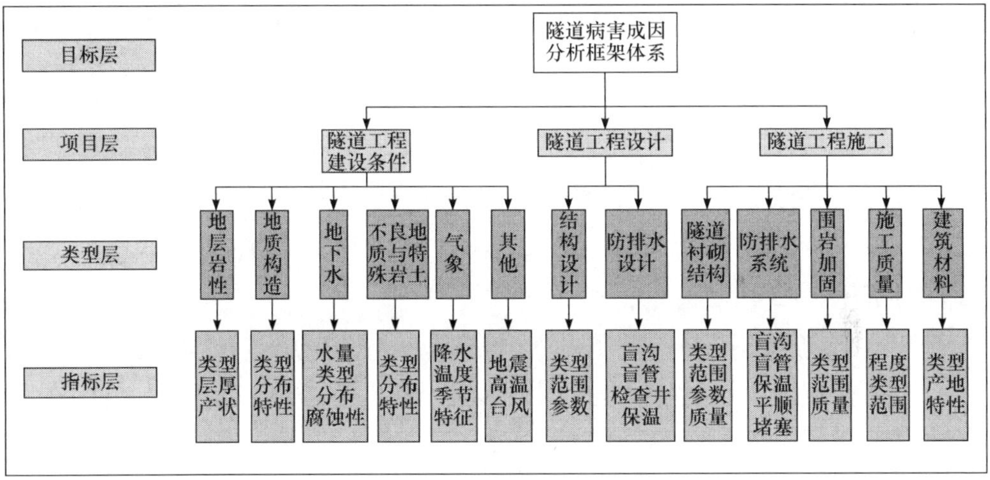

图 3.1　隧道病害成因分析框架体系

1. 隧道工程建设条件

根据隧道病害成因分析架构中的隧道工程建设条件内容，结合杜公岭隧道工程勘察报告，杜公岭隧道病害产生的建设条件因素主要为：

(1) 杜公岭隧道穿越了中奥陶统上马家沟组含石膏质岩的泥灰岩地层。含石膏质岩的泥灰岩地层经水化后产生膨胀和软化，导致隧道围岩产生的变形增大与强度降低，促使围岩压力超出了隧道支护结构的强度和刚度，进而引发隧道衬砌变形、开裂和路面隆起等病害。

(2) 隧址区域病害发育期降水丰富，如 2013 年 7 月降雨量达到 377.6mm，比历年同期平均降雨量多 233.8mm；同时，地表矿坑群及山体中发育的岩溶和节理裂隙为地表降水入渗提供了条件，复合式褶皱构造加剧了地下水在隧道周边区域的局部汇集。地下水在隧道周边聚集一方面造成隧道衬砌结构被腐蚀、支护结构强度衰减；另一方面，使泥灰岩地层产生水化膨胀，从而产生侧向膨胀力，而且泥灰岩地层遇水软化后其自身承载能力降低，隧道衬砌支护结构分担荷载比例增加，加之围岩中裂隙发育、围岩破碎和岩溶等不良地质条件，从而造成隧道结构在纵、横向上产生不均匀性，导致隧道边墙纵向密集开裂、电缆沟倾覆、路面严重隆起。

2. 隧道工程设计

根据隧道病害成因分析架构中的隧道工程设计内容，结合杜公岭隧道原设计内容，杜公岭隧道病害产生的设计因素主要为：

(1) 隧道勘察设计期未能有效判断石膏岩赋存情况及影响，未能制定科学合理的围岩膨胀作用下的隧道衬砌支护结构全封闭的结构形式，使得隧道支护结构在围岩膨胀严重发育区段受力不均，造成隧道两侧拱脚向内挤压、检修道变形。

(2) 由于碳硫硅钙石型硫酸盐侵蚀是一种较为新型的腐蚀类型，相关工程经验缺失，设计中无法予以预判，造成隧道衬砌混凝土结构在腐蚀过程中强度发生严重劣化。

3. 隧道工程施工

根据隧道病害成因分析架构中的隧道工程施工内容，结合杜公岭隧道建设期施工资料，杜公岭隧道病害产生的施工因素主要为：

(1) 隧道施工过程中的混凝土采用普通混凝土材料，未采用抗硫酸盐混凝土，隧道混凝土结构完成后，隧道混凝土衬砌结构不具备抵抗硫酸盐侵蚀的性能。

(2) 隧道施工用的混凝土材料主要采用当地石料，由于当地石料中多为碳酸盐类岩石，混凝土结构在后期碳硫硅钙石型硫酸盐侵蚀中为碳酸根离子提供了条件。

4. 隧道病害成因综合分析

根据以上杜公岭隧道工程建设条件、工程设计和工程施工的分析，杜公岭隧道病害成因如图 3.2 所示。

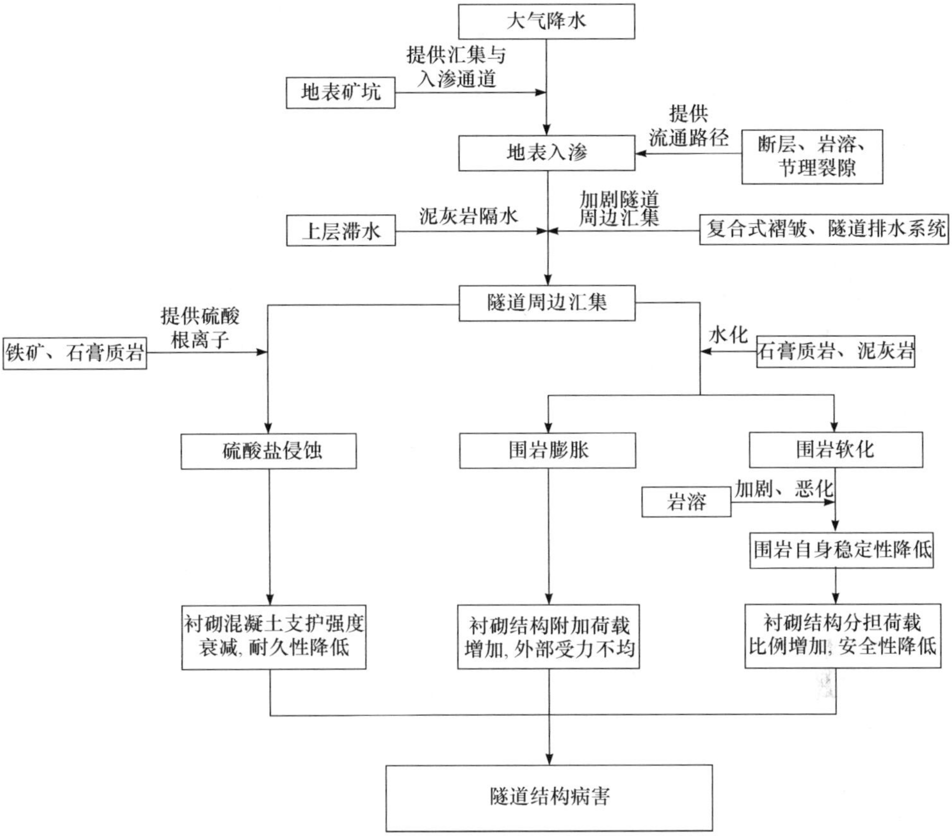

图 3.2　隧道致灾过程概化图

3.2　隧道围岩膨胀规律研究

3.2.1　不同状态下的含水率测试

隧道围岩岩石的化学成分主要为二水石膏($CaSO_4 \cdot 2H_2O$)、白云岩($CaMg(CO_3)_2$)、石英(SiO_2)。其中，以石膏为主，含量占 50%以上，白云岩占 9%～30%，石英一般占 10%～20%。因此，隧道围岩是典型的石膏岩。

经室内试验测试,该类石膏岩在天然状态下的含水率如表 3.1 所示,干燥状态(38℃)下浸水后饱和含水率如表 3.2 所示，高温(220℃)脱水后硬石膏岩三个试样(B4、B5、B6)浸水后饱和含水率如图 3.3 所示。

表 3.1　石膏岩标准岩样的天然含水率

编号	干燥前质量/g	干燥后质量/g	天然含水率/%
A	458.25	457.74	0.1114
B	450.52	449.91	0.1356
C	453.46	452.74	0.1590
D	443.74	443.2	0.1218
E	444.09	443.78	0.0699

表 3.2　石膏岩标准岩样的饱和含水率

编号	干燥前质量/g	增量质量/g	饱和含水率/%
A	459.47	1.73	0.38
B	451.54	1.63	0.36
C	454.12	1.38	0.30
D	446.50	3.30	0.74
E	445.35	1.57	0.35

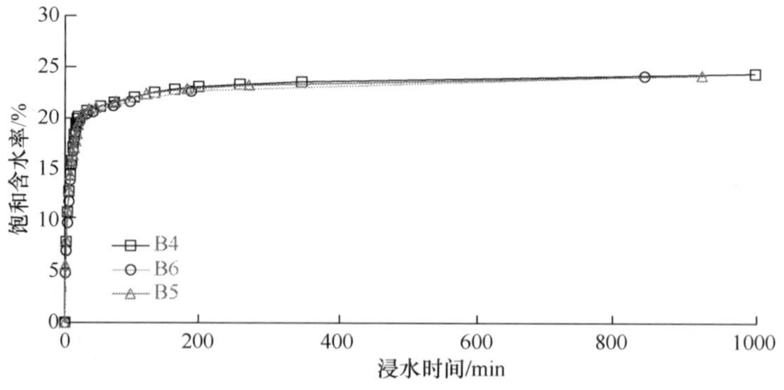

图 3.3　硬石膏岩三个试样浸水时程曲线

由上述可知：

(1) 依托工程中，石膏岩($CaSO_4 \cdot 2H_2O$)试样天然状态下的含水率很低，最大仅为 0.1590%，平均值为 0.1195%；最大饱和含水率为 0.74%，平均值为 0.43%。

(2) 试样高温后(即硬石膏 $CaSO_4$)再浸水至饱和状态，其含水率迅速增加，最终的含水率(包括结晶水)平均值为 20.8%，表明硬石膏岩吸水后的含水量主要为结晶水。

(3) 试样饱和含水率约是天然状态含水率的 3.6 倍(表 3.3)，硬石膏吸水至饱和时的含水率是饱和含水率的 56.4 倍、是天然状态含水率的 202.9 倍。

表 3.3　石膏质岩不同状态下含水率关系表

序号	名称(表征符号)	平均值/%	比值(列/行)		
			二水石膏天然含水率	二水石膏饱和含水率	硬石膏转换至二水石膏饱和状态时含水率
1	二水石膏天然含水率	0.1195	1	3.6	202.9
2	二水石膏饱和含水率	0.43	0.28	1	56.4
3	硬石膏转换至二水石膏饱和状态时含水率	24.25	0.005	0.018	1

3.2.2　石膏质岩石膨胀力学特性研究

硬石膏岩在遇水后一个硫酸钙分子与两个水分子结合生成二水石膏，形成过程中硬石膏岩会发生膨胀变形，对隧道结构产生膨胀压力，此过程中的最大膨胀率和最大膨胀应力对结构的安全至关重要，因此试验中对高温后石膏岩的膨胀率和膨胀应力进行了测试。

1. 最大自由膨胀率

最大自由膨胀率试验共进行了 3 组(A1、A2、A3)，试验测试数据与曲线如图 3.4 所示。

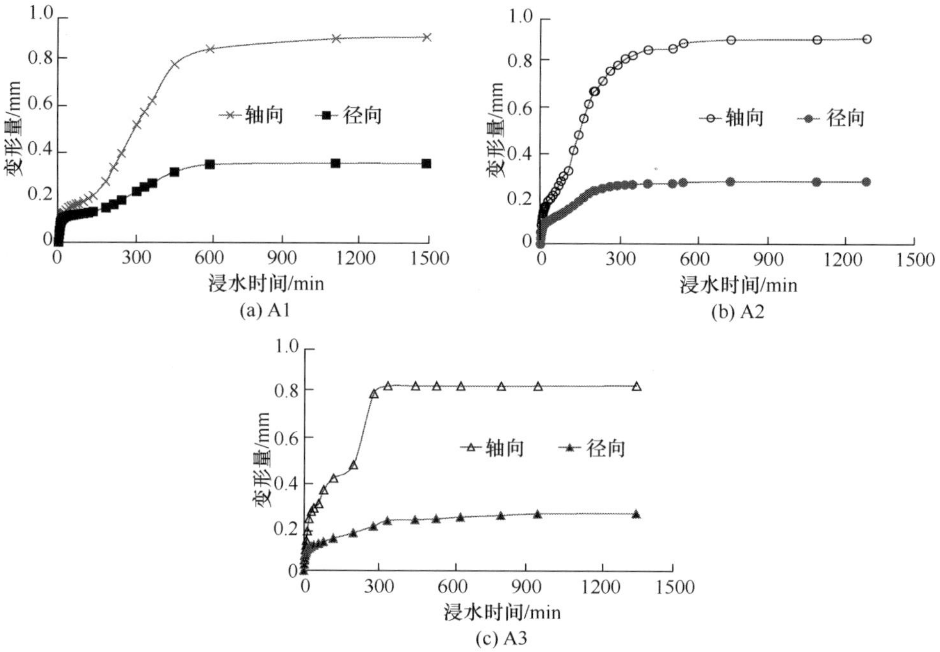

(a) A1　(b) A2　(c) A3

图 3.4　试样变形曲线

由图 3.4 可知：

(1) 从总体上分析，试样膨胀变形无论是轴向变形还是径向变形，基本上可以分为四个阶段：

① Ⅰ型线性快速膨胀阶段(图 3.5 中 *OA* 阶段)。初始阶段自由膨胀变形快速增加，呈现增速快、持续时间短的特点。该阶段试样轴向和径向变形呈线性快速增加，与水平轴夹角大于 80°；三个试样在该阶段的时间均小于 40min。

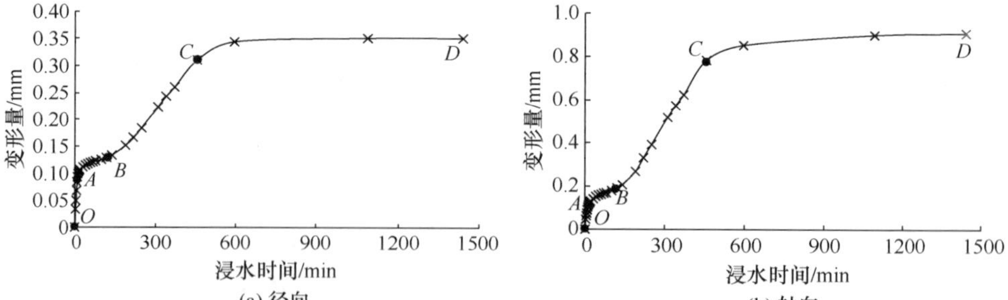

(a) 径向　(b) 轴向

图 3.5　A1 试样四阶段划分图

② 下凹型阶段(图 3.5 中 *AB* 阶段)。该阶段变形曲线呈下凹型，呈现变形减缓、持续时间短的特点。如 A1 试样，径向变形在该阶段持续时间约 136min，变形量增加 0.027mm，占总变形量的 7.6%；轴向变形在该阶段持续时间约 90min，变形量增加 0.051mm，占总变形量的 5.4%。

③ Ⅱ型线性膨胀阶段(图 3.5 中 *BC* 阶段)。该阶段变形曲线呈直线型均匀增加，呈现变形大、持续时间长的特点。如 A1 试样，在该阶段持续时间约 90min，径向变形量增加 0.181mm，占总变形量的 50.4%；轴向变形量增加 0.592mm，占总变形量的 62.4%。

④ 恒定阶段(图 3.5 中 *CD* 阶段)。该阶段变形随时间变化增速变缓并趋于恒定，表明试样膨胀变形释放完毕。

综合分析这四个阶段的变化特征，对岩石浸水膨胀物理化学过程推演如下：

① 岩石浸水初始阶段，岩石试样表层先接触到水，表层在水的作用下迅速沿径向、轴向膨胀变形，且此部位的膨胀变形不受任何约束或受约束极为轻微(即第一阶段)。

② 随着时间的增加，水沿着试样的孔隙进入岩石内部，但是由于孔隙的存在，岩石颗粒发生膨胀时首先向孔隙处发展，使试样的膨胀变形宏观上增速变缓(即第二阶段)。

③ 在岩石孔隙被膨胀变形完全填充后，水仅能沿岩石颗粒微空隙间渗入，水的渗入速率与试样膨胀分布趋于均匀。同时，试样膨胀变形也只可以沿着径向和轴向发展，宏观上表现为轴向、径向膨胀变形以一定的速率平稳增加(即第三阶段)。

④ 岩石试样内部绝大部分被水浸泡完成后，试样总体膨胀变形也基本完成，仅在较为密实的“孤石”或远离孔隙与试样边界的极小部分岩石颗粒膨胀变形尚未完全完成且仍在持续，试样宏观上的膨胀变形趋于稳定(即第四阶段)。

(2) 由径向和轴向膨胀变形量对比(图 3.6)可知，试样以轴向自由膨胀变形为主，轴向膨胀变形量是径向的 2.6～3.2 倍。

(3) 试样浸水后的整个膨胀变形在 1500min 内基本完成，此时变形

速率均小于 0.09×10^{-3}mm/min。

(4) 总体上，试样浸水后的膨胀变形随着石膏含量的增加而降低，表明杜公岭隧道围岩的膨胀变形主要由石膏控制，石膏含量越高，其单位体积内膨胀变形过程越短，越能在短时间内产生较大变形。

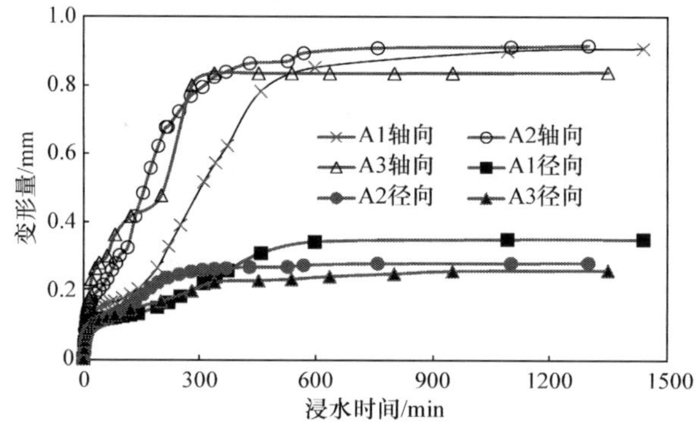

图 3.6　轴向与径向膨胀变形量比较

2. 最大侧限膨胀应力

最大侧限膨胀应力试验共测试了两组 6 个试样(B1、B2、B3、C1、C2、C3)，测试数据如图 3.7 所示。

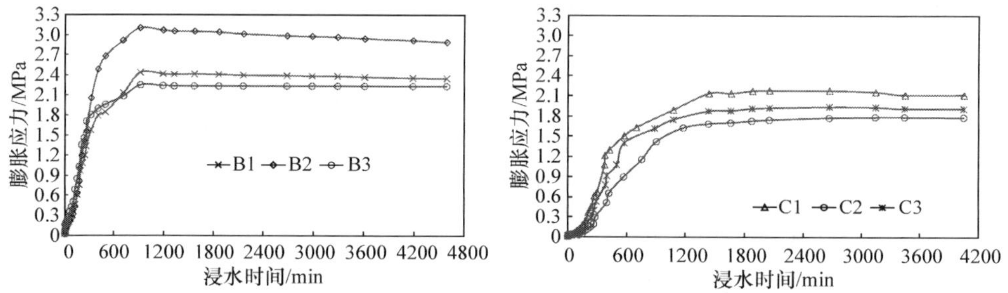

图 3.7　膨胀应力变化曲线

由图 3.7 可知：

(1) 从膨胀应力-浸水时间全程曲线总体分析，再生硬石膏岩样膨胀应力变化均可以分为三个阶段：

① 线性快速增加阶段(图 3.8 中 *OA* 阶段)。该阶段试样的膨胀应力增加量与浸水时间总体上呈线性关系，随着浸水时间的增加，膨胀应力

得以快速增加。

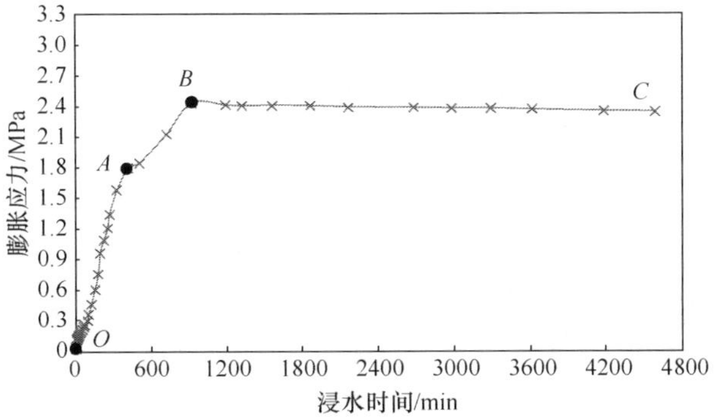

图 3.8　试样三阶段划分图

岩块 B、C 的标准试样干燥后密度与纵波波速测试结果如表 3.4 所示，岩块 C 比岩块 B 的干燥后密度小 0.03g/cm^3、纵波波速小 202.33m/s，表明岩块 B 的密实程度高于岩块 C，即岩块 C 的孔隙率大于岩块 B。对比两者膨胀应力曲线可以发现，岩块 C 在初始阶段出现了明显的上凹现象。表明在此阶段，受岩石试样内部孔隙影响，在侧向受控制的情况下，试样体积膨胀首先向内部孔隙空间进行填充，释放了部分膨胀应力，试样内部孔隙密实后再沿轴向快速膨胀。

表 3.4　标准试样测试值

编号	干燥前质量/g	干燥后质量/g	干燥后密度/(g/cm^3)	纵波波速/(m/s)
B	450.52	449.91	2.29	4297.41
C	444.09	443.78	2.26	4095.08

② 下凹型阶段(图 3.8 中 *AB* 阶段)。该阶段膨胀应力增量随浸水时间变缓并达到最大膨胀应力。同时，该阶段时长亦与岩石的内部孔隙率密切相关(表 3.5)，对于孔隙率较低的试样 B，该段时间一般持续约 400min 后达到最大膨胀应力，而孔隙率较高的试样 C 则要持续 2000min 以上才达到最大膨胀应力。

表 3.5　岩石膨胀应力曲线阶段分界点

测试试样		膨胀应力-浸水时间全程曲线分界点		
		A 点	*B* 点	*C* 点
B1	浸水时间/min	415	921.5	4592
	膨胀应力/MPa	1.7968	2.4358	2.3489
B2	浸水时间/min	417	920	4594
	膨胀应力/MPa	2.483	3.1038	2.8916
B3	浸水时间/min	263	923	4590
	膨胀应力/MPa	1.5227	2.2496	2.2708
C1	浸水时间/min	380	2060	4050
	膨胀应力/MPa	1.215	2.1806	2.117
C2	浸水时间/min	904	3145	4045
	膨胀应力/MPa	1.4219	1.7880	1.7827
C3	浸水时间/min	574.5	2667.5	4047.5
	膨胀应力/MPa	1.4	1.9394	1.9108

③ 平稳阶段(图 3.8 中 *BC* 阶段)。该阶段膨胀应力随浸水时间的增加而减小并趋于平稳。其中，在此阶段初期，试样膨胀应力出现由最大值回落的现象，表明试样在吸水膨胀过程中，钙离子、硫酸根离子溶解于水，同时部分矿物也发生了溶蚀现象(图 3.9)，从而导致试样膨胀过程中出现松弛，膨胀应力测试数据降低。

(2) 最大膨胀应力与最终膨胀应力。根据膨胀应力-浸水时间全程曲线分界点数据可知，B 组和 C 组试样最大膨胀应力与最终膨胀应力的关系(表 3.6)。其中，B 组 3 个试样最终膨胀应力与最大膨胀应力的平均差值(称为溶蚀应力释放值)为 0.1050MPa，是最大膨胀应力平均值的 4.04%。C 组 3 个试样最终膨胀应力与最大膨胀应力的平均差值为 0.0325MPa，是最大膨胀应力平均值的 1.65%。

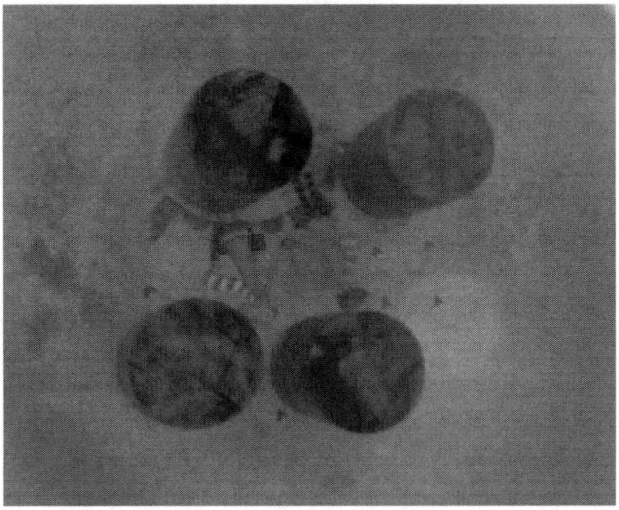

图 3.9　岩样浸水照片

表 3.6　膨胀应力最大值与最终值　(单位：MPa)

试样	最大值		最终值		差值	
	测试值	平均值	测试值	平均值	测试值	平均值
B1	2.4358	2.5964	2.3489	2.4914	0.0869	0.1050
B2	3.1038		2.8916		0.2122	
B3	2.2496		2.2337		0.0159	
C1	2.1806	1.9693	2.1170	1.9368	0.0636	0.0325
C2	1.7880		1.7827		0.0053	
C3	1.9394		1.9108		0.0286	

(3) 各试样最大膨胀应力范围为 1.7880～3.1038MPa，平均值为 2.2829MPa，最大膨胀应力主要受试样石膏含量影响，其中 B2 试样石膏含量高达 93.76%。

3.2.3　岩石吸水膨胀概化计算分析模型

由室内岩石浸水试验和已有研究成果可知，岩石吸水膨胀的发生需要一个过程，而这个过程与水在岩石内部的流通速率、温湿度、应力状态、岩石矿物成分与水的物理化学反应速率及外部水源的补给状况等因素密切相关(图 3.10)，这些因素相互影响与制约，很难通过测试的方式获得其中错综复杂的关系。同时，岩石自身具有较大的离散性和不确定性，测试数据关系的普适性也需要考量。因此，对岩石吸水膨胀过程仅能利用考虑主要控制因素的概化理论模型进行描述。

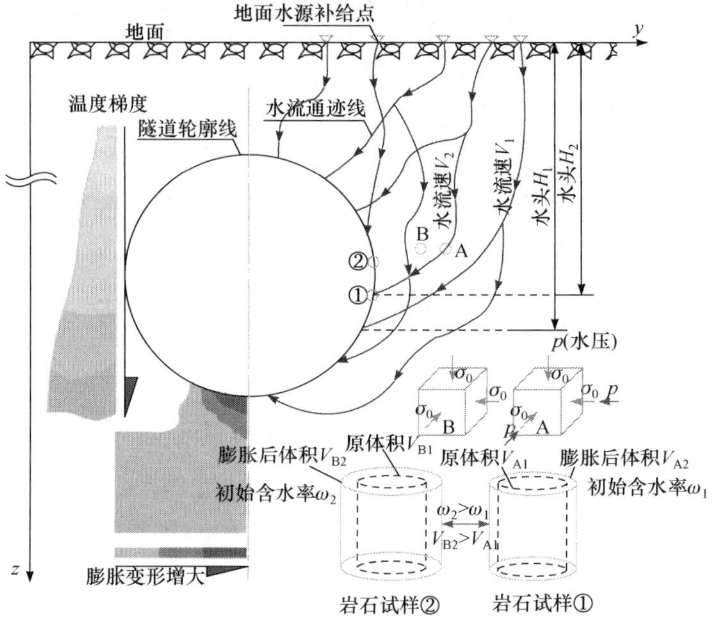

图 3.10　岩石吸水膨胀各因素模型

1. 硬石膏岩膨胀概化模型构建

为了描述岩石吸水膨胀过程，构建岩石浸水模型(图 3.11)，并对相关内容做如下约定：

(1) 岩石内部是均匀致密的，不存在随机裂隙或差异性的薄弱面。

(2) 水的渗透方向。岩石浸水后水是由表层向内部逐步渗流的，渗流流速与水源补给情况、路径距离有关。

(3) 单位岩石微观膨胀顺序。岩石的膨胀是岩石微观颗粒膨胀的宏观表现，岩石微观颗粒的膨胀顺序取决于与水接触的顺序，先接触水的颗粒先膨胀，且这种膨胀是发生充分的膨胀，即先接触水的颗粒膨胀行为发生完毕后才会进行水的传递。

(4) 岩石膨胀用水。岩石微单元膨胀所用的水是由其周边相邻的单元供给，在宏观上表现为未膨胀部分岩石膨胀用水由已发生膨胀部分的岩石提供；岩石内部不存在可以自由流通的自由水。

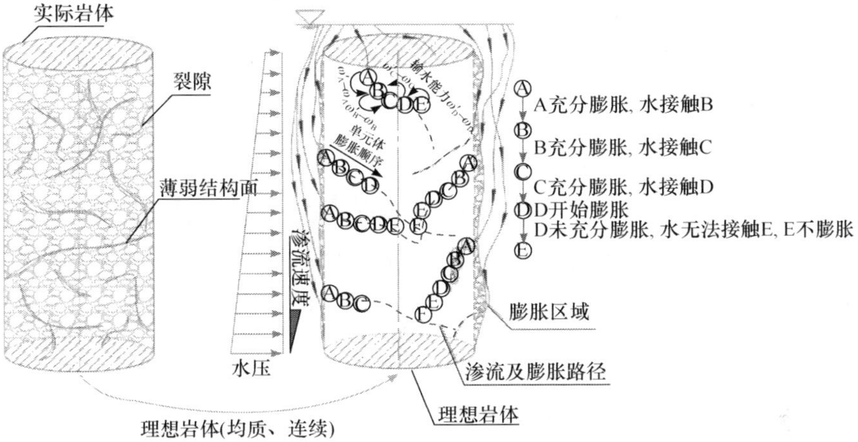

图 3.11　岩样膨胀过程模型

(5) 相邻微单元供水机制。作为岩石内部的 A、B 微单元，在 A 微单元向 B 微单元供水时，A 微单元仅能提供自身所携带的、可传输的赋存量(即饱和含水率–天然含水率，$\omega_b-\omega_z$)，不能将自身膨胀用水或天然状态下(天然含水率极低，认为可忽略)的水进行传递。

(6) 岩石膨胀所需时长。岩石单元膨胀所需时长取决于外部供水状况和可传输水的单元数量；当外部水源固定时，岩石膨胀反应时长取决于水在岩石内部传输的时长；随着膨胀反应的发展，水在岩石内部传输的路径(或水传递所经过的单元数量)越来越长，传输时长在增加。

根据上述的约定内容，可对单位岩石吸水膨胀过程时长表述如下。

(1) 单位岩石内某微单元 i 的供水量为

$$\delta = \omega_b - \omega_z \tag{3-1}$$

(2) 单位岩石膨胀总需水量为 W，单一岩石微单元膨胀涌水量为 w_i。

(3) 假定岩石共有 N 个单元，每个岩石微单元膨胀完成时需要吸收 m 单元次水的运输补给，则总的补给计量为 mN 单元次，则有

$$W = Nw_i \tag{3-2}$$

$$m = \frac{w_i}{\delta} \tag{3-3}$$

(4) 单位岩石膨胀过程中，共进行了 R 次水的运输补给；第 1 次水

的运输补给时长为ΔT(包含单元膨胀时长)，后续水的补给受补给路径增加(且路径上的微单元膨胀后致密)影响，时长逐步增加，水运输时间是水运输补给次数R的函数(即$F(r)$，$F(r)\geqslant 1$)，则单位岩石膨胀时长T为

$$T=\Delta T\sum_{r=1}^{R}F(r) \tag{3-4}$$

其中，由于随着水的运输补给次数R的增加，岩石内部补给通道数量呈非线性增加，因此水运输时间函数$F(r)$也应是一个非线性函数，且$r=1$时$F(r)=\Delta T$，将$F(r)$写成如下指数函数形式：

$$F(r)=\mathrm{e}^{K(r-1)} \tag{3-5}$$

式中，K为待定常数项。

则

$$T=\Delta T\sum_{r=1}^{R}F(r)=\Delta T\frac{1-\mathrm{e}^{KR}}{1-\mathrm{e}^{K}} \tag{3-6}$$

$$R=\frac{1}{K}\ln\left[1+\frac{T}{\Delta T}(\mathrm{e}^{K}-1)\right] \tag{3-7}$$

(5) 在R次水的运输补给过程中，每次补给水的数量取决于已膨胀微单元数量和m值，每次补给关系如表3.7所示，补给过程十分复杂。考虑R值远远大于m值，将水的运输补给简化为：第1次传输时提供1单元次的水量，并具备了传输通道，第2次传输时仅能由第1次已形成的传输通道进行传递，以此类推，第j+1次传输时水传递的量取决于第j次传输时已形成的传输通道数量，则R次水的总运输补给量为

$$W_a=mN=R\frac{R-1}{2}+1 \tag{3-8}$$

表3.7　模型中水的运输补给表

运输次数	单次运输量	备注
1	m	—
2	1	m
3	1	
4	1	

续表

运输次数	单次运输量	备注
5	1	m
$1+i$	1	
$1+m$	1	
$1+m+1$	2	$m/2$
$1+m+2$	2	
$1+m+3$	2	
$1+m+4$	2	
$1+m+5$	2	
$1+m+6$	2	
$1+m+m/2$	2	
$1+m+m/2+1$	3	$m/3$
$1+m+m/2+2$	3	
$1+m+m/2+3$	3	
$1+m+m/2+4$	3	
$1+m+m/2+5$	3	
$1+m+m/2+m/3$	3	
$1+m+m/2+m/3+1$	4	$m/4$
$1+m+m/2+m/3+2$	4	
$1+m+m/2+m/3+3$	4	
$1+m+m/2+m/3+4$	4	
…	…	…
$1+m+m/2+m/3+\cdots+m/p+1$	$p+1$	$m/(p+1)$
$1+m+m/2+m/3+\cdots+m/p+2$	$p+1$	
$1+m+m/2+m/3+\cdots+m/p+i$	$p+1$	
$1+m+m/2+m/4+\cdots+m/(m-1)$	m	
$1+m+m/2+m/4+\cdots+m/m+1$	$m+1$	m
$1+m+m/2+m/4+\cdots+m/m+2$	$m+2$	
$1+m+m/2+m/4+\cdots+m/m+3$	$m+3$	
$1+m+m/2+m/4+\cdots+m/m+4$	$m+4$	
$1+m+m/2+m/4+\cdots+m/m+m$	$m+m$	
…	…	…

由式(3-2)和式(3-3)可得

$$W = mN\delta = (0.5R^2 - 0.5R + 1)\delta$$

将式(3-7)代入上式，可得

$$W = \left(0.5\left\{ \frac{1}{K}\ln\left[1 + \frac{T\left(e^K - 1\right)}{\Delta T}\right]\right\}^2 - \frac{1}{2K}\ln\left[1 + \frac{T\left(e^K - 1\right)}{\Delta T}\right] + 1 \right)\delta \quad (3\text{-}9)$$

该公式为石膏质岩石吸水膨胀与时间的关系，ΔT 为首次运输时长；K 为常数项。

2. 模型验证

硬石膏岩膨胀概化模型是从岩石微观层面进行构建的，室内硬石膏岩膨胀试验则是岩石微单元膨胀的宏观表现，因此可以利用室内硬石膏岩膨胀吸水试验数据对该模型进行验证。

1) 水运输时间函数 $F(r)$

硬石膏岩膨胀概化模型中在 R 次水运输中，水运输时间服从式(3-5)的指数分布，该种现象在试验中应表现为吸水速率逐步降低，可用试验时间表征 R，用吸水速率的倒数表征 $F(r)$。根据这种对应关系，对硬石膏岩吸水试验数据进行处理(表 3.8)。

表 3.8　石膏岩吸水速率列表

B5				B4				B6			
时间/min	含水率/%	吸水速率/(10^{-2}/min)	吸水速率倒数/10^2 min	时间/min	含水率/%	吸水速率/(10^{-2}/min)	吸水速率倒数/10^2 min	时间/min	含水率/%	吸水速率/(10^{-2}/min)	吸水速率倒数/10^2 min
0	0	0	—	0	0	0	—	0	0	—	—
1	5.62	5.6200	0.18	2	7.91	3.9550	0.25	1	4.84	4.8400	0.21
2	8.06	2.4400	0.41	4	10.82	1.4550	0.69	2	7.03	2.1900	0.46
4	10.94	1.4400	0.69	6	12.84	1.0100	0.99	4	9.77	1.3700	0.73
6	12.90	0.9800	1.02	8	14.42	0.7900	1.27	6	11.84	1.0350	0.97

续表

B5				B4				B6			
时间/min	含水率/%	吸水速率/(10^{-2}/min)	吸水速率倒数/10^2 min	时间/min	含水率/%	吸水速率/(10^{-2}/min)	吸水速率倒数/10^2 min	时间/min	含水率/%	吸水速率/(10^{-2}/min)	吸水速率倒数/10^2 min
8	14.46	0.7800	1.28	10	15.82	0.7000	1.43	8	13.92	1.0400	0.96
10	15.58	0.5600	1.79	12	17.13	0.6550	1.53	10	15.45	0.7650	1.31
12	16.40	0.4100	2.44	14	18.36	0.6150	1.63	12	16.73	0.6400	1.56
14	17.09	0.3450	2.90	16	19.35	0.4950	2.02	14	17.77	0.5200	1.92
16	17.78	0.3450	2.90	18	19.93	0.2900	3.45	16	18.53	0.3800	2.63
18	18.45	0.3350	2.99	20	20.13	0.1000	10.00	18	19.11	0.2900	3.45
20	19.34	0.4450	2.25	33	20.74	0.0469	21.31	20	19.47	0.1800	5.56
22	19.82	0.2400	4.17	53	21.16	0.0210	47.62	22	19.64	0.0850	11.76
24	20.29	0.2350	4.26	73	21.55	0.0195	51.28	32	20.37	0.0730	13.70
26	20.52	0.1150	8.70	103	22.06	0.0170	58.82	42	20.59	0.0220	45.45
36	20.85	0.0330	30.30	133	22.54	0.0160	62.50	72	21.22	0.0210	47.62
46	21.05	0.0200	50.00	163	22.84	0.0100	100.00	97	21.62	0.0160	62.50
76	21.63	0.0193	51.72	198	23.08	0.0069	145.83	187	22.65	0.0114	87.38
121	22.38	0.0167	60.00	258	23.32	0.0040	250.00	847	24.13	0.0022	445.95
181	22.89	0.0085	117.65	348	23.59	0.0030	333.33	—	—	—	—
271	23.25	0.0040	250.00	1008	24.4	0.0012	814.81	—	—	—	—
931	24.21	0.0015	687.50	—	—	—	—	—	—	—	—

由于试验中后期测试数据间隔时间较长，对数据变化规律的分析具有较大影响，这里仅以前期均匀采集的数据为分析对象(试样 B5 前 26min，试样 B4 前 20min，试样 B6 前 22min)。试样吸水时间试验数据与理论数据对比如图 3.12 所示。

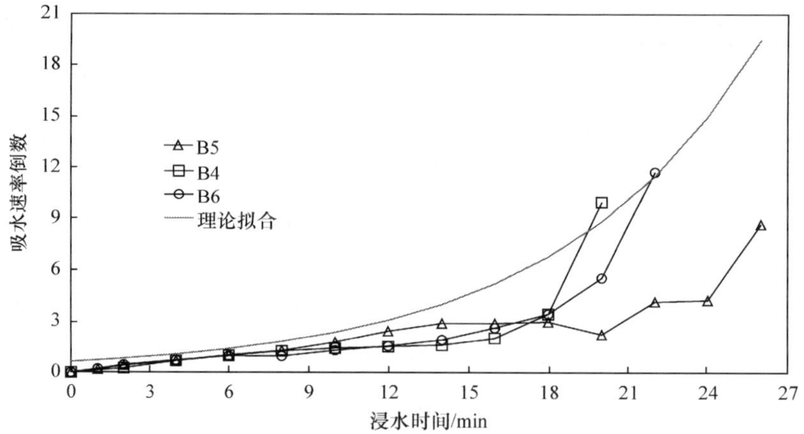

图 3.12　试样吸水时间试验数据与理论数据对比

由式(3-5)拟合出的理论公式表述为

$$F\left(t\right)=0.72\mathrm{e}^{0.132\left(t-1\right)} \tag{3-10}$$

由图 3.12 可见，对岩石微观中水运输时间的描述与实际试验情况具有良好的一致性，变化规律吻合。

2) 岩石膨胀吸水速率

岩石试样按照 100%的石膏质岩进行考虑，其结晶水的含水率为 20.8%；试样单次供水量δ取 0.3%(≈石膏岩饱和含水率 0.425%–石膏岩天然含水率 0.1195%)，利用式(3-9)进行拟合可得到硬石膏岩吸水膨胀过程中含水率与时间的理论关系，即

$$W=0.3\times\left(0.5\left\{\frac{1}{0.45}\ln\left[1+\frac{T\left(\mathrm{e}^{0.45}-1\right)}{0.065}\right]\right\}^{2}-\frac{1}{0.9}\ln\left[1+\frac{T\left(\mathrm{e}^{0.45}-1\right)}{0.065}\right]+1\right) \tag{3-11}$$

硬石膏岩吸水膨胀过程中含水率时程理论曲线与试验曲线对比如图 3.13 所示。由图可见，理论曲线与试验曲线具有高度的吻合性，表明可用式(3-11)来描述和预测硬石膏岩吸水膨胀含水率的变化关系和膨胀发生时长。

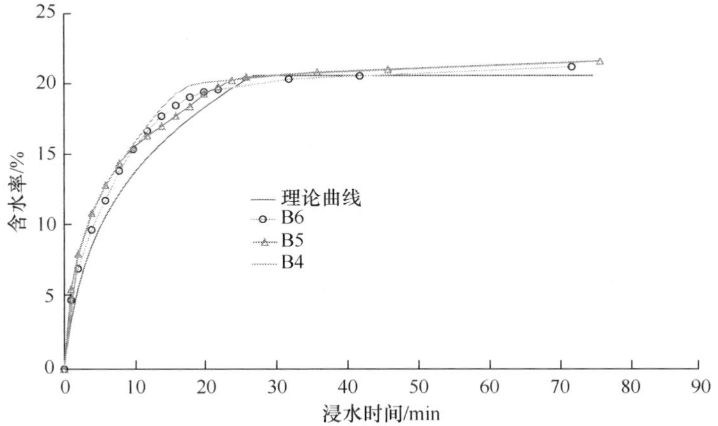

图 3.13　试样含水率时程理论曲线与试验曲线对比

综上可见，岩石吸水膨胀概化模型可以描述岩石试样在室内条件下膨胀过程中含水率的变化发展规律，可用于预测岩石膨胀过程所需要的时间。

3.2.4　隧道围岩膨胀机制

1. 隧道围岩含水周期规律

为获取隧址区大气降雨与隧道围岩含水状态的关系，在隧道病害处治期间对隧址区降雨情况、隧道围岩含水率进行了监测记录。

1) 隧址区降雨周期

隧址区气象观测站所在行政区为平顺县，根据平顺县气象站 2010～2017 年的月平均降雨量(图 3.14)，可知杜公岭隧道隧址区降雨周期分布较为明显。

(1) 11 月至第 2 年 3 月(底)单月降雨量均小于 30mm，为枯水期，且 1～3 月降雨量小于 10～12 月；降雨量最小的为 12 月和 1 月，平均降雨量小于 5mm。

(2) 5～9 月为丰水期，单月降雨量平均值大于 60mm，最大降雨量多出现在 7 月、8 月。

(3) 4 月、10 月为枯水期与丰水期的过渡期。

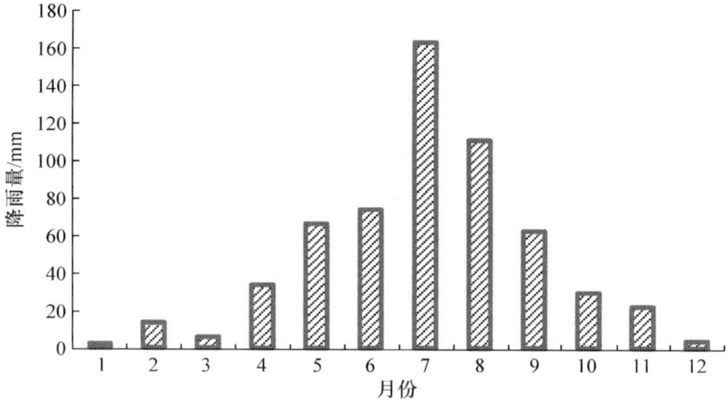

图 3.14　2010～2017 年月平均降雨量

2) 隧道围岩含水率测试方案

2017 年 4～12 月对杜公岭隧道加固处治开挖过程中揭露的围岩进行室内含水率测定，所取岩块均为不含泥夹石区段，取样位置均为边墙 1m 高处。具体试验过程如下：

(1) 仪器设备。电子天平(感量 0.01g)(图 3.15)、恒温干燥箱(烘箱)(图 3.16)、干燥器。

图 3.15　电子天平

(2) 试验步骤。

① 从开挖断面选择岩块，并用电子天平测量其干燥前(图 3.17)质量 M_1。

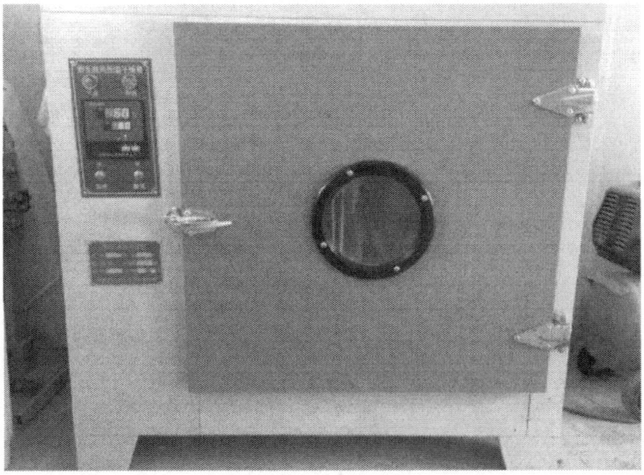

图 3.16　现场实验室恒温干燥箱

图 3.17　试样干燥前

② 将碎岩块放入恒温干燥箱进行干燥，温度控制在 40℃(由于试样的主要成分为 $CaSO_4 \cdot 2H_2O$，在高温下会脱掉结晶水，采用 40℃恒温烘干)，恒温干燥箱温度上下误差在 1℃，干燥时间为 48h，用电子天平测量其干燥后(图 3.18)质量 M_2。

③ 根据式(3-12)计算出岩石的天然含水率。

$$\omega = \frac{M_1}{M_2} \tag{3-12}$$

式中，ω 为石膏质岩的天然含水率，%；M_1 为烘干前岩块的质量，g；

M_2为烘干后岩块的质量，g。

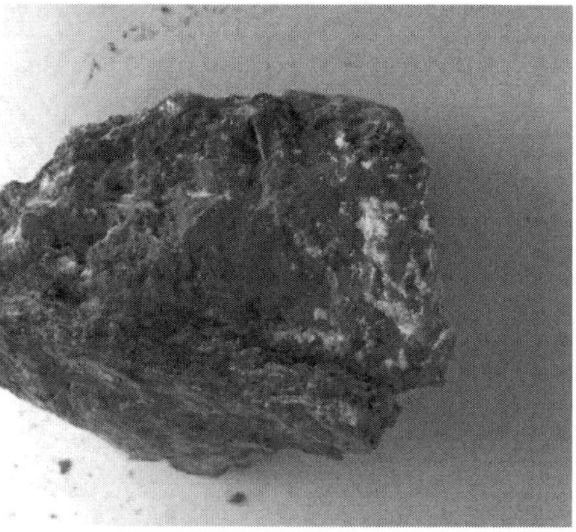

图 3.18　试样干燥后

(3) 试验结果。

图 3.19 给出了 9 个月间围岩含水率测试结果。为消除岩块所在断面间的差异性和数据离散性，对各数据以半个月为单位，求出半个月内的围岩含水率，做出围岩含水率平均值与时间的关系曲线。

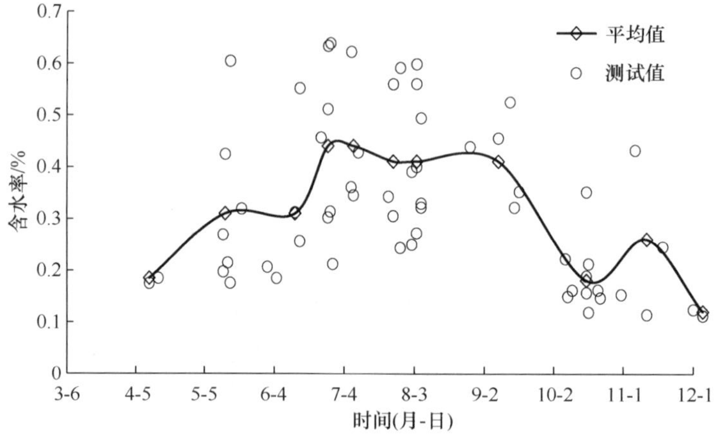

图 3.19　隧道围岩含水率与时间的关系曲线

(4) 岩石含水率变化规律。

由测试数据可知，测试期内围岩含水率在 0.11%～0.64%变化。测试期内 4 月围岩含水率较低，为 0.18%，之后开始缓慢增加；5 月至 6

月初围岩含水率增加至 0.32%左右；6 月下旬至 9 月上旬含水率维持在较高水平，为 0.41%～0.44%，之后开始降低，直至 10 月，含水率为 0.18%，然后又开始增大，在 11 月出现一次小波峰，含水率为 0.26%，之后 12 月又开始降低至最小值，其含水率为 0.12%。

由室内石膏岩原样浸水试验可知，杜公岭隧道岩石天然状态下的含水率很低，最大值仅为 0.1590%，平均值为 0.1195%；浸水状态下岩石试样最大含水率(饱和含水率)为 0.74%，平均值为 0.43%。由此判断岩石含水率呈现周期性，12 月后(至第 2 年 3 月)围岩的含水状态可等视为天然含水状态；6 月至 9 月(6 月下旬至 9 月上旬，按 3 个月计)围岩的含水状态可等视为饱和状态；4 月至 5 月及 10 月至 11 月属于天然含水状态与饱和状态间不断转换。具体变化如表 3.9 所示。

表 3.9　隧道围岩含水状态与地表降雨关系

月份	降雨状态描述	围岩含水状态描述
1	枯水期	天然含水状态
2	枯水期	天然含水状态
3	枯水期	天然含水状态
4	过渡期	天然含水状态向饱和状态过渡
5	丰水期	天然含水状态向饱和状态过渡
6	丰水期	天然含水状态向饱和状态过渡
		饱和状态
7	丰水期	饱和状态
8	丰水期	饱和状态
9	丰水期	饱和状态
		饱和状态向天然含水状态过渡
10	过渡期	饱和状态向天然含水状态过渡
11	枯水期	饱和状态向天然含水状态过渡
12	枯水期	天然含水状态

3) 岩石含水率与降雨的关系

根据降雨周期和岩石含水率变化周期的分析，岩石含水率变化基本和降雨周期变化一致，同时，围岩含水率和降雨量曲线之间存在一定的滞后性，滞后时间在 1 个月左右(图 3.20)。例如，3 月降雨较少，4 月围岩含水率较低；4 月降雨量增大，5 月围岩含水率升高，5～8 月降雨较多，占全年降雨量的 80%，6～9 月围岩含水率也处于较高的水平；9 月降雨较少，仅占全年降雨量的 3%，10 月围岩含水率变小；10 月降雨量出现小幅增加，占全年降雨量的 8%，11 月围岩含水率也出现小幅增大；11 月降雨较少，占全年降雨量的 0.3%，12 月围岩含水率也变得很小。

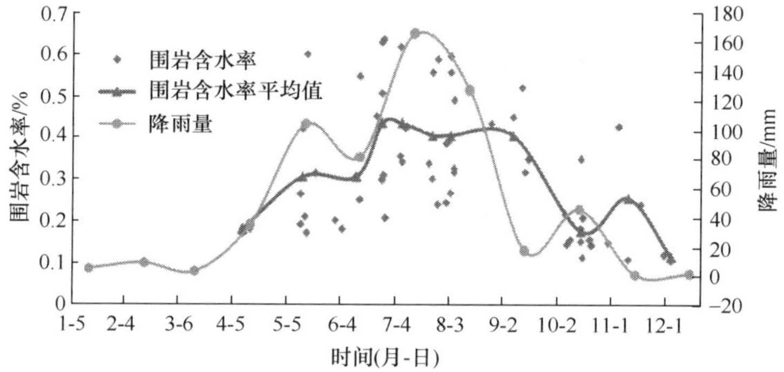

图 3.20　隧道围岩含水率、降雨量与时间的关系曲线

2. 围岩膨胀发生月份

在自然界中，一般岩体中的地下水受地表降水补给，地表降水在岩体内的流通会首先选取节理裂隙作为流通的路径(图 3.21)，岩石的渗流作用基本可以忽略；当节理裂隙不能满足地下水流通时，方可选取在岩石中进行渗流流通。因此，可认为在枯水期，岩石中不会赋存地下水或者可供渗流流通的地下水；在丰水期，地下水十分丰富，岩石中存在赋存地下水和渗流流通的可能。而硬石膏岩的膨胀用水必须经过岩石渗入才可使其岩石核心部分产生膨胀，为此，硬石膏岩的膨胀只可能发生在岩石存在渗流的季节，即丰水期，结合表 3.9，硬石膏岩膨胀的月份如表 3.10 所示。

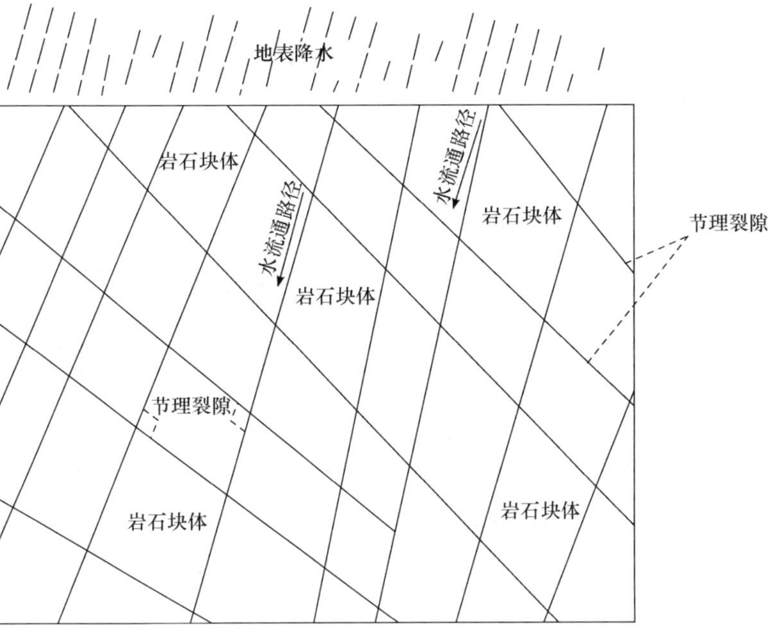

图 3.21　地下水补给-流通与岩体关系示意图

表 3.10　隧道岩石膨胀等效计算月份说明表

月份	围岩含水状态描述	膨胀行为状态	膨胀力计算等效状态
1	天然含水状态	无膨胀行为	无膨胀力计算期
2	天然含水状态	无膨胀行为	
3	天然含水状态	无膨胀行为	
4	天然含水状态向饱和状态过渡	开始出现膨胀	
5	天然含水状态向饱和状态过渡	出现膨胀	岩石膨胀力计算期
6	天然含水状态向饱和状态过渡	出现膨胀	
	饱和状态	围岩膨胀	
7	饱和状态	围岩膨胀	
8	饱和状态	围岩膨胀	

续表

月份	围岩含水状态描述	膨胀行为状态	膨胀力计算等效状态
9	饱和状态	围岩膨胀	岩石膨胀力计算期
	饱和状态向天然含水状态过渡	膨胀行为减弱	
10	饱和状态向天然含水状态过渡	膨胀行为减弱	无膨胀力计算期
11	饱和状态向天然含水状态过渡	膨胀行为减弱	
12	天然含水状态	无膨胀行为	

由表 3.10 可见，石膏岩与地下水产生水化膨胀的现象仅能出现在非枯水期，即 4～11 月，有效水化膨胀期按 5 个月计(其中，含水率为饱和的 6 月下旬至 9 月上旬时期按 3 个月计，状态过渡期(4 月、5 月和 10 月、11 月)折半按照 2 个月计)，为简化膨胀力计算，岩石膨胀月份按 5 月、6 月、7 月、8 月和 9 月进行考虑，并约定硬石膏岩水化的水量由周边已水化的二水石膏提供。

3.2.5　隧道围岩膨胀周期与膨胀应力确定

根据隧道围岩矿物成分鉴定结果，杜公岭隧道围岩中含有硬石膏岩，且硬石膏岩的最大含量达 90%，硬石膏遇水将产生较大的膨胀变形(图 3.22)，对隧道衬砌结构造成十分大的膨胀压力。

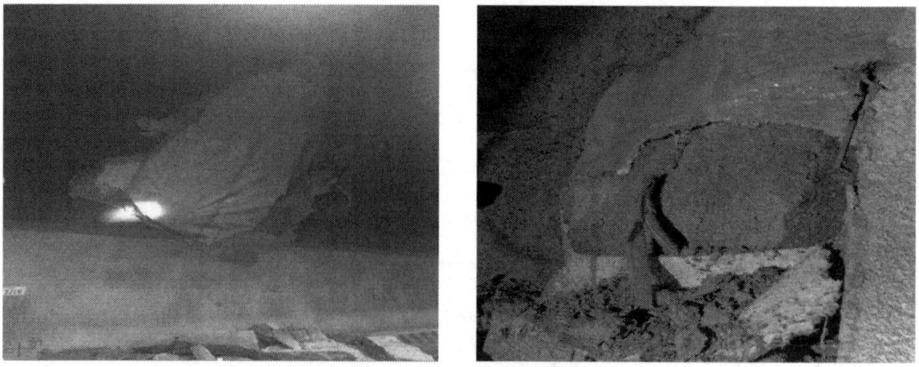

图 3.22　围岩膨胀破坏照片

自然界内岩体已存在千万年，隧道围岩中的硬石膏岩的存在状态、分布情况不能精准获取，因此硬石膏岩在隧道施工后产生的膨胀应力也不能完全理想化地获取。但是，杜公岭隧道病害已客观地表明隧道衬砌结构受到围岩膨胀挤压，且围岩中存在硬石膏岩。为此，对隧道工程中硬石膏岩膨胀应力的计算分析做如下假定：

(1) 隧道周边围岩中的石膏岩为硬石膏岩，在隧道施工开挖前(即原岩状态下)，硬石膏岩性态稳定，没有转化为石膏岩；硬石膏岩在隧道施工后，地下水流通路径发生了变化，使得隧道周边的硬石膏岩产生水化反应。

(2) 在一个完整的降水周期内，枯水期由于围岩中岩石处于天然含水状态，无自由流通的水供给硬石膏岩产生水化反应；在丰水期，地下水受到地表水的补给开始出现自由流通的水，被围岩吸收的水转化为岩石含水率变化的主体，而未被吸收的水通过节理裂隙面、溶孔等进行流通，丰水期隧道围岩中岩石含水率为 0.41%～0.44%(按 0.425%计)(接近饱和但未达到饱和)。

(3) 利用岩石吸水膨胀概化模型对隧道围岩膨胀反应时长的预测。利用岩石吸水膨胀概化模型对隧道围岩膨胀反应时长进行预测时，对式(3-9)中的ΔT进行修正，考虑实际工程中隧道围岩膨胀与岩石室内膨胀的主要差异性主要表现在 4 个方面，如表 3.11 所示。

表 3.11　室内试验与工程围岩膨胀差异性

序号	名称	室内岩石膨胀试验	工程中隧道围岩膨胀
1	对象尺寸	5～10cm	米级
2	水源补给	浸泡水中	通过裂隙面流经水补给
3	水补给时间	持续性	间断性
4	外部约束条件	无	有

这 4 种因素对ΔT的影响修正如下：

$$\Delta T_s = \Delta T_r \alpha_1 \alpha_2 \alpha_3 \alpha_4 \tag{3-13}$$

式中，ΔT_s为隧道围岩中运输补给时长，min；ΔT_r为室内试验运输补给时长，min； α_1 为对象尺寸修正系数，取 20； α_2 为水源补给修正系数，取 10； α_3 为水补给时间修正系数，取 10； α_4 为外部约束条件修正系数，取 10。

即隧道围岩膨胀时长利用岩石吸水膨胀概化模型计算时，有

$$\Delta T_s = 0.065 \times 20 \times 10 \times 10 \times 10 = 1300(\text{min})$$

$$K = 0.45$$

由此，隧道围岩中硬石膏岩膨胀采用岩石吸水膨胀概化模型进行确定，其中石膏质岩结晶水的含水率取 20.8%， δ 为 0.3%。隧道围岩吸水膨胀时长预测为 $T = 574773.9133\text{min} = 13.3$ 个月，因此隧道围岩中硬石膏岩吸水膨胀时长约为 13 个月。

(4) 一年之中等效为 5 个月的水化反应期，则共需要 2.6 年完成水化。

根据石膏岩试样最大膨胀应力平均值为 2.25MPa，假定膨胀应力与水化反应程度(即吸水率)成正比，则每个水化期(月)的膨胀应力大小分别如表 3.12 所示。

(5) 表 3.12 给出了硬石膏岩理想状态下与地下水发生水化反应时膨胀应力的预测发展规律和量值，而工程中由于岩体节理裂隙、溶腔溶孔及围岩变形等的存在，在实际现场中将释放一部分膨胀应力，即作用在隧道衬砌结构上的膨胀力为硬石膏岩膨胀时周边围岩无法消除、消散的力，根据相关研究，作用在隧道衬砌结构上的力约占试验试样膨胀力的 30%，即工程中最大膨胀应力为 675kPa。

表 3.12　硬石膏岩水化反应列表

序号	水化反应月期数	月度含水率/%	累计含水率/%	最大膨胀应力/MPa	围岩膨胀应力/MPa
1	第 1 个月	0.381	0.381	0.032	0.0096
2	第 2 个月	0.381	0.762	0.065	0.0195
3	第 3 个月	0.762	1.524	0.130	0.0390
4	第 4 个月	1.143	2.667	0.227	0.0681
5	第 5 个月	1.524	4.191	0.356	0.1068

续表

序号	水化反应月期数	月度含水率/%	累计含水率/%	最大膨胀应力/MPa	围岩膨胀应力/MPa
6	第 6 个月	1.905	6.096	0.518	0.1554
7	第 7 个月	2.286	8.382	0.712	0.2136
8	第 8 个月	2.667	11.049	0.940	0.2820
9	第 9 个月	3.048	14.097	1.198	0.3594
10	第 10 个月	3.429	17.526	1.490	0.4470
11	第 11 个月	3.810	21.336	1.814	0.5442
12	第 12 个月	4.191	25.527	2.170	0.6510
13	第 13 个月	4.572	30.099	2.250	0.6750

3.3 隧道混凝土碳硫硅钙石型硫酸盐侵蚀触发时间

3.3.1 基于隧道病害发展数据的碳硫硅钙石型硫酸盐侵蚀触发时间估测

杜公岭隧道病害的发展主要过程如下：

(1) 2012 年 3 月，左洞 ZK34+935～ZK35+180 段、右洞 YK34+800～YK35+005 段二次衬砌纵向裂缝。

(2) 2012 年 12 月底，左洞 ZK35+260～ZK35+300 段路面纵向裂缝、局部隆起，ZK35+133～ZK35+173 段堵头墙位置出现裂缝，左洞 ZK34+945～ZK35+095 段、右洞 YK34+810～YK34+840 段和 YK34+955～YK34+ 985 段二次衬砌裂缝发展。

(3) 2013 年 11 月，左洞 ZK34+300～ZK34+400 段和 ZK34+700～ZK35+550 段、右洞 YK34+450～YK34+650 段和 YK34+700～YK35+250 段隧道二次衬砌开裂、地面隆起、电缆沟变位等病害发展严重，危及行车安全，隧道被迫停止运营。

根据隧道病害发展过程，推断如下：一是隧道病害于 2013 年 11 月时已经十分严重，表明隧道混凝土已受到碳硫硅钙石型硫酸盐侵蚀，即混凝土碳硫硅钙石型硫酸盐侵蚀出现时间介于 2012 年 12 月底至 2013

年 11 月；二是根据隧道病害发生段落反复发生情况，将左洞 ZK35+260 和右洞 YK34+820 作为工程估测混凝土碳硫硅钙石型硫酸盐侵蚀周期的参考断面。

混凝土碳硫硅钙石型硫酸盐侵蚀周期工程估测如下：

(1) 隧道施工速度测算。隧道采用由两端向中间对向施工，于 2010 年 3 月开始施工、2011 年 12 月贯通，施工时间共计 21 个月，平均月施工速度为 119m，每个掌子面月平均进尺为 59.5m。

(2) 参考断面施工时间。隧道左洞 ZK35+260 和右洞 YK34+820 均属隧道出口施工区段，距洞口距离分别为 440m、922m，施工时长分别为 7.4 个月和 15.5 个月，即左洞 ZK35+260 施工时间约为 2010 年 11 月，右洞 YK34+820 施工时间约为 2011 年 6 月。

(3) 工程结构碳硫硅钙石型硫酸盐侵蚀触发时间估测。按照隧道混凝土碳硫硅钙石型硫酸盐侵蚀出现时间介于 2012 年 12 月底至 2013 年 11 月考虑，参考断面 ZK35+260 混凝土出现碳硫硅钙石型硫酸盐侵蚀触发时间为 25～36 个月，参考断面 YK34+820 混凝土出现碳硫硅钙石型硫酸盐侵蚀触发时间为 18～30 个月。综合两者估测时间，隧道混凝土碳硫硅钙石型硫酸盐侵蚀触发时间为 18～36 个月。

3.3.2　基于混凝土试验的碳硫硅钙石型硫酸盐侵蚀触发时间估测

1. 试验方案

为查清隧道混凝土碳硫硅钙石型硫酸盐侵蚀触发时间，开展了隧道工程原位环境、室内低温加速环境两种试验条件的试验测试。试验中混凝土采用隧道建设期原混凝土配合比(表 3.13)和相同混凝土组料，其中，混凝土采用 P.O 42.5 水泥(掺合料为石灰石粉)，细集料为石灰岩质中砂，粗集料为石灰岩，粒径 5～10mm，减水剂为聚羧酸类减水剂。

表 3.13　混凝土配合比方案　　(单位：kg/m^3)

编号	水泥	水	水灰比	掺合料	粗集料	细集料	防腐剂	减水剂	备注
Y	422	190	0.35	127	864	974	—	5.64	掺合料为石灰石粉

1) 隧道工程原位环境试验

(1) 试样制作。隧道现场采用喷射成型的方法制作混凝土(尺寸为10cm×10cm×10cm)，24h 脱模后在实验室内养护至 7d，送至隧道内浸泡(图 3.23)。

图 3.23　现场混凝土试样制作及养护

(2) 试样静置与观测。将制作成型的试样浸泡在含石膏岩块的40cm(宽)×60cm(长)×40cm(高)塑料箱内，浸泡用水为工程用水，试样浸泡溶液中的石膏岩为隧道开挖的弃渣，石膏含量在 90%以上；最后，将浸泡试样的箱体静置于隧道人行横通道中(横通道内最低温度为−3℃(2月)，最高温度为 21℃(8 月)，平均温度为 4.8℃)进行不定期的外观观测，依据观测情况进行采样测试。

2) 室内低温加速环境试验

(1) 试样制作。室内低温加速试验在中国建筑材料科学研究院进行，在实验室中按照混凝土配合比成型 10cm×10cm×10cm 试样，为加速混凝土碳硫硅钙石型硫酸盐侵蚀，配比中通过内掺法加入 10%硫酸镁，1d 脱模后浸水养护，水温保证在(5±1)℃。

(2) 试样观测与测试。首先不定期地观察混凝土外观变化，当外观出现明显腐蚀时进行采样测试，试采取 X 射线衍射(XRD)精修及傅里叶变换红外光谱(FTIR)对腐蚀物成分进行定量及定性分析。

2. 试验测试结果分析

1) 隧道工程原位环境试验

(1) 表观观测。试样在工程原位环境中浸泡 0～10 个月无明显变化，浸泡 10 个月后试样表层逐步出现析出物、局部离层与剥落，部分试样出现棱角崩离现象(图 3.24)。

(a) 10个月　　(b) 16个月　　(c) 20个月

图 3.24　现场混凝土不同浸泡时间的外观变化

(2) 腐蚀物成分测试。依据试样表观变化情况，分别对浸泡 16 个月、20 个月的混凝土表皮剥落物成分进行了 XRD 和 FTIR 测试。

① XRD 图谱测试结果(图 3.25、图 3.26)。浸泡 16 个月时腐蚀物在 0.956～0.972nm、0.551～0.561nm 以及 0.378～0.387nm 附近出现特征峰；浸泡 20 个月的腐蚀物除上述特征峰外，还在 0.467～0.486nm 附近出现特征峰。由于碳硫硅钙石和钙矾石的特征峰均可能出现在该区间

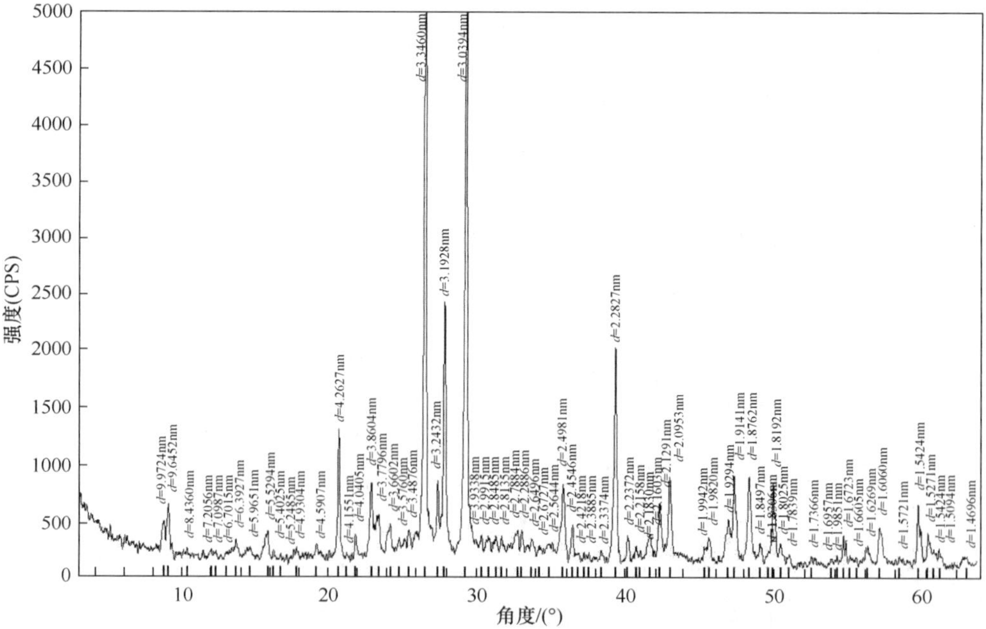

图 3.25　原位环境腐蚀物 XRD 图谱(16 个月)

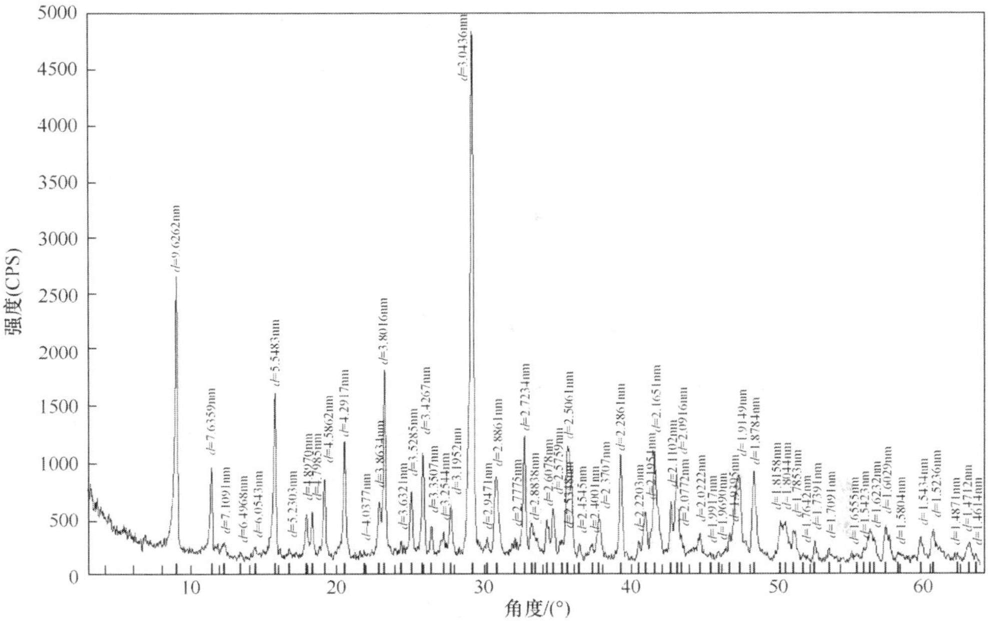

图 3.26　原位环境腐蚀物 XRD 图谱(20 个月)

内，仅能表明腐蚀物中出现了硫酸盐侵蚀物，但无法确定是碳硫硅钙石还是钙矾石。

② FTIR 图谱测试结果。为了进一步辨识腐蚀物的成分，对腐蚀物进行了 FTIR 图谱测试分析(图 3.27)。

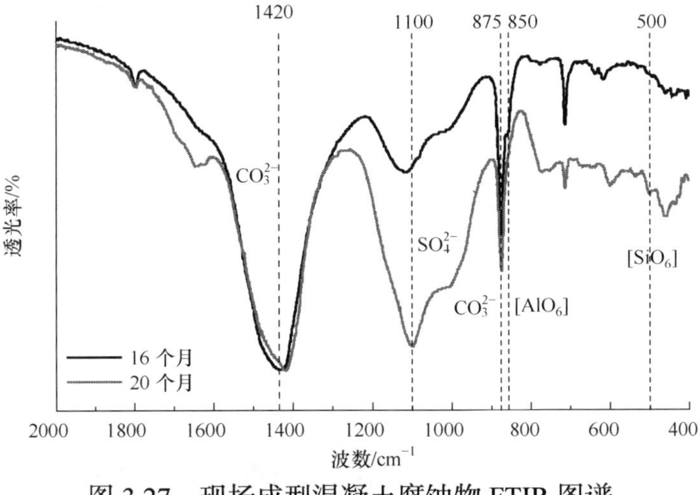

图 3.27　现场成型混凝土腐蚀物 FTIR 图谱

根据相关研究，钙矾石与碳硫硅钙石的最大区别在于碳硫硅钙石的分子式为 $Ca_3[Si(OH)_6 \cdot 12H_2O] \cdot CO_3 \cdot SO_4$，其所含主要基团为$[Si(OH)_6]^{4+}$(简称$[SiO_6]$)、$CO_3^{2-}$和$SO_4^{2-}$；而钙矾石分子式为$[Ca_3Al(OH)_6 \cdot 12H_2O]_2 \cdot (SO_4)_3 \cdot 2H_2O$，其所含主要基团为$[Al(OH)_6]^{3-}$(简称$[AlO_6]$)和$SO_4^{2-}$。碳硫硅钙石的 FTIR 图谱主要在 500cm^{-1}、875cm^{-1}、1100cm^{-1}、1420cm^{-1} 处存在特征峰，其中 500cm^{-1}处为$[SiO_6]$基团的特征峰，1420cm^{-1}、875cm^{-1} 处为CO_3^{2-}基团的特征峰，而SO_4^{2-}基团的特征峰与钙矾石中SO_4^{2-}基团的特征峰相同，均在 1100cm^{-1}处。

因此，试样浸泡 16 个月时，腐蚀物主要为钙矾石；浸泡 20 个月时，腐蚀物中含有碳硫硅钙石。两组腐蚀物组分及其含量如表 3.14 所示。

表 3.14　腐蚀物各组分及含量　　(单位：%)

样品名称	石英	斜长石	微斜长石	方解石	碳硫硅钙石	白云石	石膏	钙矾石
TSA-16	21	21	12	33	—	—	—	13
TSA-20	28	16	7	29	6	6	—	8

(3) 原位环境下混凝土碳硫硅钙石型硫酸盐侵蚀触发时间。根据试样浸泡 16 个月和 20 个月时腐蚀物成分测试结果，混凝土试样在浸泡 16 个月时遭到了硫酸盐侵蚀，侵蚀类型主要为钙矾石型侵蚀，浸泡 20 个月时出现碳硫硅钙石型硫酸盐侵蚀。由此推断混凝土试样原位环境中碳硫硅钙石型硫酸盐侵蚀触发时间为 16～20 个月。

2) 室内低温加速环境试验

(1) 表观观测。室内混凝土试样在浸泡 0～6 个月时表面无变化，6 个月后即出现变化(图 3.28)。其中，浸泡 9 个月时试样表层砂浆出现膨胀开裂，浸泡 11 个月时试样棱角处混凝土已经出现大面积的剥落，混凝土试样失去完整性。

(2) 腐蚀物成分测试。考虑室内试样制作中内掺了硫酸镁，直接采用 XRD 精修法测试腐蚀物各组分及其含量(图 3.29、图 3.30)。根据测试，混凝土试样浸泡 9 个月时出现明显的硫酸盐侵蚀，侵蚀类型为钙矾石型硫酸盐侵蚀，腐蚀物中尚未出现碳硫硅钙石；浸泡 11 个月时，硫

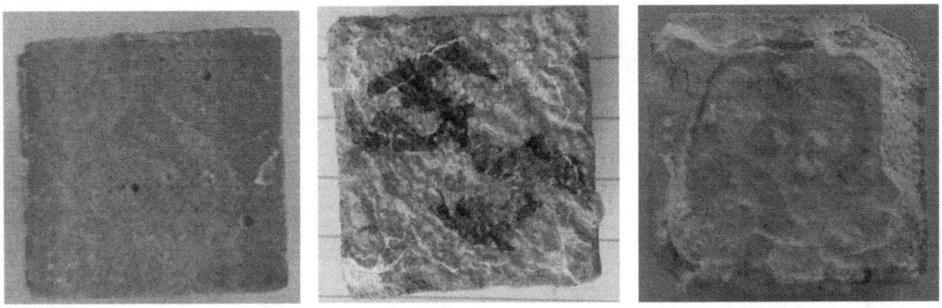

(a) 6个月　　(b) 9个月　　(c) 11个月

图 3.28　室内成型混凝土不同浸泡时间的外观变化

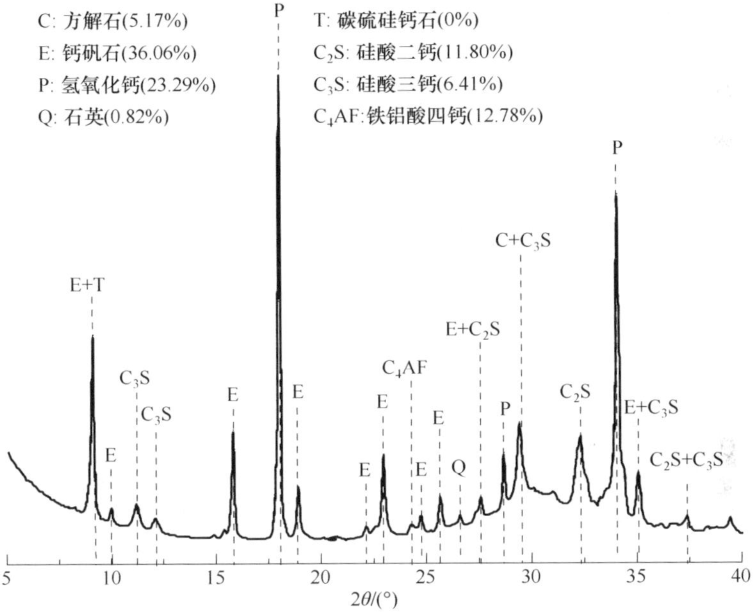

图 3.29　室内成型混凝土腐蚀物 XRD 图谱(9 个月)

酸盐侵蚀加剧，腐蚀物中出现约 4.11%的碳硫硅钙石，即出现碳硫硅钙石型硫酸盐侵蚀。

(3) 加速测试周期确定。根据室内低温加速环境下浸泡 9 个月和 11 个月的混凝土试样腐蚀物测试结果，混凝土试样在浸泡 9 个月时遭到了钙矾石型硫酸盐侵蚀，在浸泡 11 个月时出现了碳硫硅钙石型硫酸盐侵蚀，由此推断混凝土试样在室内低温加速环境中碳硫硅钙石型硫酸盐侵蚀触发时间应为 9～11 个月。

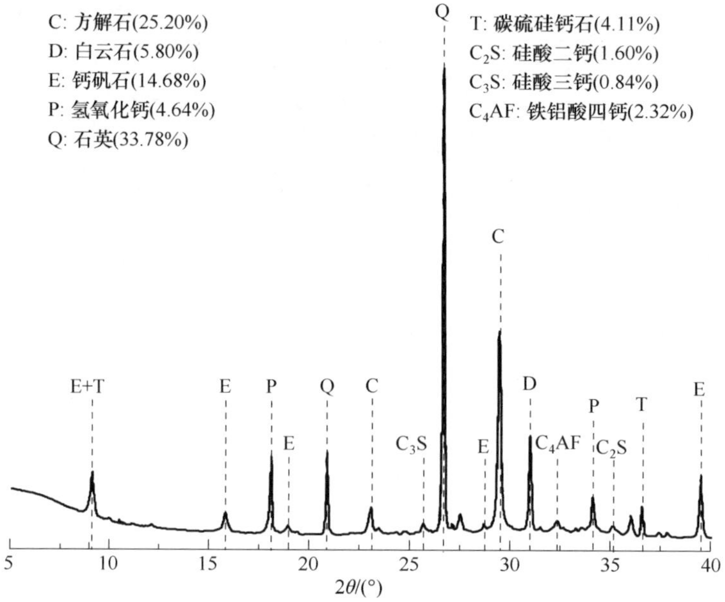

图 3.30　室内成型混凝土腐蚀物 XRD 图谱(11 个月)

3.3.3　碳硫硅钙石型硫酸盐侵蚀触发时间综合确定

对隧道工程病害发展数据及工程原位环境试验和室内低温加速试验结果(图 3.31)分析如下：

(1) 室内试验采用加速混凝土硫酸盐侵蚀的方法，这种侵蚀条件在隧道工程中是无法达到的，因此隧道混凝土碳硫硅钙石型硫酸盐侵蚀触发时间不应早于 11 个月。

(2) 隧道参考断面发生侵蚀失稳的时间最长为 36 个月，故隧道混凝土碳硫硅钙石型硫酸盐侵蚀触发时间不应晚于 36 个月。

(3) 隧道工程原位环境试验测试和隧道工程病害发展状况估测的碳硫硅钙石型硫酸盐侵蚀触发时间最早分别为 16 个月、18 个月，两者具有良好的吻合性。考虑到隧道工程原位环境试验中试样浸泡在含有围岩的水体中，水环境利于离子交换，促进腐蚀加速。因此，隧道工程中最早出现碳硫硅钙石型硫酸盐侵蚀触发时间宜按 18 个月进行标识。

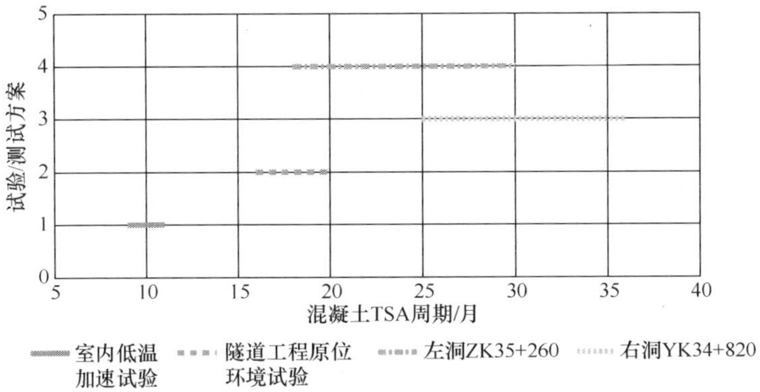

图 3.31　各类方案侵蚀周期估测分布

3.4　碳硫硅钙石型硫酸盐侵蚀条件下隧道混凝土强度衰减规律

根据隧道病害现场观测情况，由于混凝土结构碳硫硅钙石型硫酸盐侵蚀发生后，混凝土呈现烂泥状，从结构支护角度而言，其强度基本可以忽略；从隧道混凝土结构中碳硫硅钙石含量来看，多数含量小于 10%，最大值为 20%左右。碳硫硅钙石含量、分布形式与混凝土腐蚀程度(指腐蚀部分体积或几何尺寸的占比)共同决定着衬砌支护结构强度与承载力，且这种碳硫硅钙石型硫酸盐侵蚀条件下混凝土的强度变化在微观层次上的规律性尚未得知，在微观机理或理论角度上很难被认识与掌握。因此，对碳硫硅钙石型硫酸盐侵蚀条件下混凝土强度变化规律分析基于杜公岭隧道工程层的病害宏观发展，以病害发展数据为基础进行构建。碳硫硅钙石型硫酸盐侵蚀条件下混凝土强度变化规律分析的条件和相关数据如下：

(1) 杜公岭隧道工程中最早出现碳硫硅钙石型硫酸盐侵蚀触发时间按 18 个月进行标识。

(2) 以杜公岭隧道碳硫硅钙石型硫酸盐侵蚀病害典型断面 YK34+500(施工时间 2011 年 6 月)失稳为时间标志(2017 年 7 月)，以其碳硫硅钙石含量(19.3%)为结构失稳的条件，共计碳硫硅钙石型硫酸盐侵蚀发生了 55 个月。

(3) 隧道衬砌结构失稳假定是在既定外荷载下混凝土侵蚀后强度衰减所致，不考虑强度衰减部位、程度(截面占比)等其他因素。

由上述条件可获得强度变化规律如下：

(1) 碳硫硅钙石生成速率 VT。

VT=19.3%÷(73−18)月=0.351%/月

(2) 碳硫硅钙石含量与强度衰减速度关系。

由于无法直接获得碳硫硅钙石含量与隧道衬砌混凝土强度衰减的关系，仅能通过对典型断面破坏时的数据进行反演，计算反演过程如下：

① 根据《混凝土结构设计规范(2015 年版)》(GB 50010—2010)，混凝土的弹性模量分别与混凝土轴心抗压强度设计值、轴心抗拉强度设计值、极限抗压强度、极限抗拉强度的关系如图 3.32 所示。

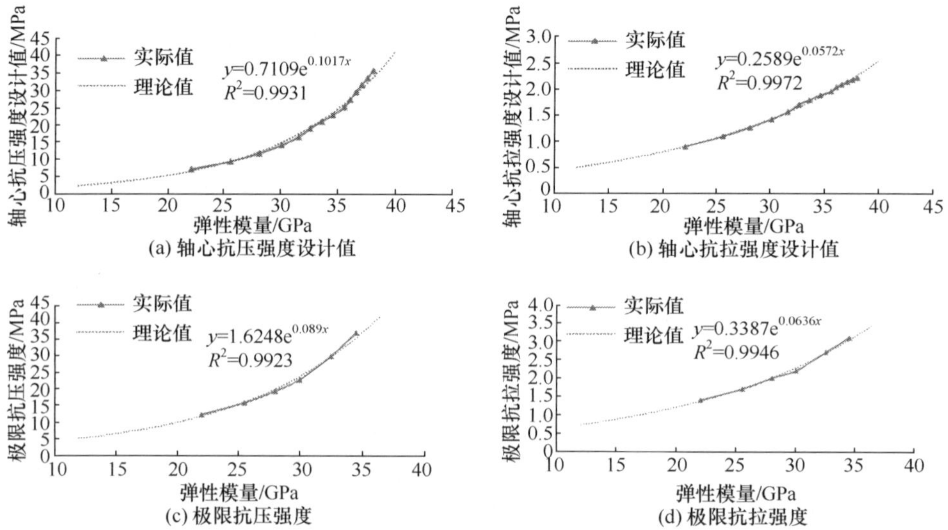

(a) 轴心抗压强度设计值　(b) 轴心抗拉强度设计值

(c) 极限抗压强度　(d) 极限抗拉强度

图 3.32　混凝土各类强度与弹性模量的关系

因此，隧道衬砌混凝土衰减演化过程可采用折减混凝土弹性模量和设计强度的方式模拟，折减后对应的弹性模量、混凝土轴心抗压强度设计值、轴心抗拉强度设计值、极限抗压强度和极限抗拉强度如表 3.15 所示。

表 3.15　混凝土折减弹性模量后剩余强度设计值

强度剩余百分比/%	剩余弹性模量/GPa	剩余轴心抗压强度设计值/MPa	剩余轴心抗拉强度设计值/MPa	剩余极限抗压强度/MPa	剩余极限抗拉强度/MPa
90	26.91	10.97	1.21	17.82	1.88
80	23.92	8.10	1.02	13.66	1.55
70	20.93	5.97	0.86	10.47	1.28
60	17.94	4.41	0.72	8.02	1.06
50	14.95	3.25	0.61	6.15	0.88
40	11.96	2.40	0.51	4.71	0.72

② 以隧道断面 YK34+500(碳硫硅钙石含量为 19.3%)为样本进行反演，折减衬砌混凝土弹性模量后，衬砌应力如图 3.33 所示。由图可知，随着衬砌强度的折减，衬砌应力不断减弱，左边墙部位衬砌首先达到混凝土抗压强度，此时衬砌剩余约 75%强度，即 22.425GPa。由于隧道断面 YK34+500 破坏时碳硫硅钙石型硫酸盐侵蚀时长约为 55 个月，则衬砌混凝土强度衰减速率约为 0.455%/月。

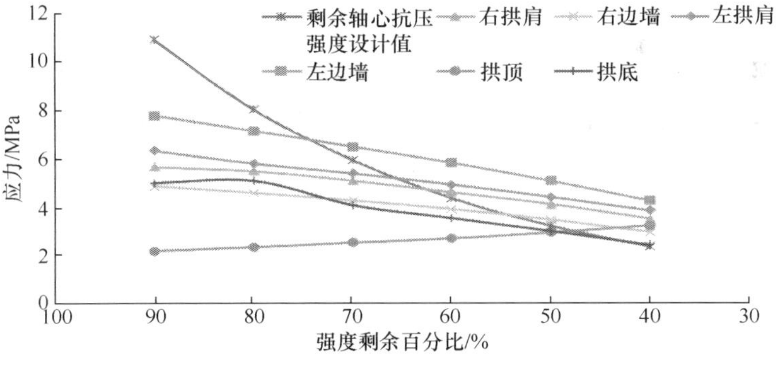

图 3.33　强度折减与衬砌应力演化过程

3.5　考虑围岩膨胀与碳硫硅钙石型硫酸盐侵蚀的隧道病害演化分析模型及特征

根据以上两节对隧道围岩膨胀应力与碳硫硅钙石型硫酸盐侵蚀条件下隧道衬砌结构强度的分析，构建杜公岭隧道病害发展过程的数学理论分析模型。

1) 隧道衬砌结构强度变化

$$f(\sigma_t)=\begin{cases}\sigma_T, & i<18\\ \sigma_T[1-(i-18)\times 0.455\%], & i\geqslant 18\end{cases} \tag{3-14}$$

2) 隧道衬砌围岩压力变化

$$F(\sigma_p)=\begin{cases}0.0049j^2-0.0049j+0.0097, & j<13\\ 0.675, & j\geqslant 13\end{cases} \tag{3-15}$$

式中，σ_T 为隧道衬砌结构初始强度；$f(\sigma_t)$ 为隧道衬砌结构施作完成后第 i 个月时的衬砌结构强度；j 为隧道围岩有效水化月时间，其中丰水期(5～8 月)为有效水化月，4 月和 9 月合计一个有效水化月，10 月至次年 3 月为非水化月；$F(\sigma_p)$ 为隧道衬砌结构施作完成后第 j 个有效水化月的围岩膨胀压力。

以上式(3-14)和式(3-15)所述关系可由表 3.16 所述。其主要过程阐述如下：

(1) 杜公岭隧道混凝土结构在病害发展过程中，首先受到石膏岩的膨胀压力作用，然后才受到碳硫硅钙石型硫酸盐侵蚀作用。即隧道衬砌混凝土在施工完成后的最初阶段(18 个月之前)仅受到外部膨胀荷载的作用，衬砌结构自身强度尚未受到影响与弱化；在 18 个月后，隧道混凝土结构受到碳硫硅钙石型硫酸盐侵蚀，强度开始出现劣化，隧道病害开始加剧。

(2) 隧道衬砌混凝土结构受到石膏岩膨胀持续发展与碳硫硅钙石型硫酸盐侵蚀重叠作用的时长约 13 个月。即隧道衬砌混凝土结构在施作完成 18～31 个月时，隧道围岩膨胀应力仍在不断增加，混凝土强度弱化也在持续发展，在 31 个月后，隧道围岩膨胀应力基本达到最大值。

(3) 隧道衬砌混凝土结构在膨胀应力达到最大值后(31 个月后)，隧道衬砌结构病害的发展主要是受到自身强度弱化持续发展的影响与作用，即后期隧道病害的发展主要由碳硫硅钙石型硫酸盐侵蚀主导。

(4) 杜公岭隧道建设期衬砌混凝土结构在石膏岩膨胀、碳硫硅钙石型硫酸盐侵蚀双重作用下失稳(崩落)的时间一般为 73 个月。但考虑到该理论模型中石膏岩膨胀和碳硫硅钙石生成均受隧道地质环境影响，其石膏岩膨胀时长、碳硫硅钙石生成时间均存在一定的变化区间，故将两者重叠时长 13 个月作为变化区间，即双重作用下失稳(崩落)的时间为(73±13)个月。

表 3.16 杜公岭隧道病害发展理论分析模型架构

序号	年度	月份(隧道结构龄期)	膨胀应力作用	TSA	示例
1	—	0 月(假定 12 月隧道结构建成)	26 个月	18 个月	2011 年
2	第 1 年度	1～3 月	无	无	2012 年
3		4 月	开始出现	—	
4		5～8 月	膨胀应力增加	—	
5		9 月	膨胀应力增速减缓	—	
6		10～12 月	无	—	
7	第 2 年度	1～3 月	无	—	2013 年
8		4 月	膨胀应力开始增加	—	
9		5 月	膨胀应力增加	—	
10		6 月	膨胀应力增加	开始出现	
11		7～8 月	膨胀应力增加	TSA 持续	
12		9 月	膨胀应力增速减缓	TSA 持续	
13		10～12 月	无	TSA 持续	
14	第 3 年度	1～3 月	—	TSA 持续	2014 年
15		4 月	膨胀应力开始增加	TSA 持续	
16		5 月	膨胀应力增加	TSA 持续	
17		6 月	膨胀应力增加	TSA 持续	
18		7 月	结束	TSA 持续	

续表

序号	年度	月份(隧道结构龄期)	膨胀应力作用	TSA	示例
19	第 3 年度	8～9 月	—	TSA 持续	2014 年
20		10～12 月	—	TSA 持续	
21	第 4 年度	1～6 月	—	TSA 持续	2015 年
22		7～12 月	—	TSA 持续	
23	第 5 年度	1～6 月	—	TSA 持续	2016 年
24		7～12 月	—	TSA 持续	
25	第 6 年度	1～9 月	—	TSA 持续	结构失稳 2017 年
26		10～12 月	—	TSA 持续	

3.6　工程应用与验证

3.6.1　隧道断面病害演变计算分析与验证

以杜公岭隧道 ZK35+045 断面为例，对杜公岭隧道病害演化进行计算分析，该断面病害情况见 2.1 节。

1) ZK35+045 断面模型及参数

ZK35+045 计算模型及网格划分如图 3.34 所示。

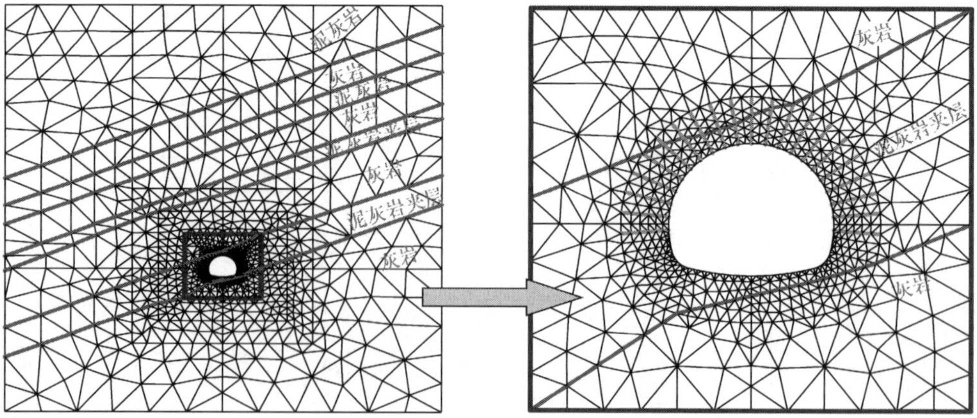

图 3.34　有限元模型及其细部详图

根据杜公岭隧道施工记录，ZK35+045 断面于 2011 年 3 月底完成隧道开挖与初期支护，推测该断面隧道不同时期的膨胀荷载和腐蚀情况如表 3.17 所示。

表 3.17　荷载工况表

荷载步	年份	月份	膨胀荷载/kPa	剩余强度/GPa
1	2011	4 月(初始场)	0	29.9
2		4 月(开挖场)	0	29.9
3		4 月(支护场)	0	29.9
4		5 月中旬	9.6	29.9
5		6 月中旬	19.5	29.9
6		7 月中旬	39	29.9
7		8 月中旬	68.1	29.9
8		9 月	106.8	29.9
9	2012	5 月中旬	155.4	29.9
10		6 月中旬	213.6	29.76
11		7 月中旬	282	29.63
12		8 月中旬	359	29.49
13		9 月	447	29.36
14		12 月	447	28.95
15	2013	3 月	447	28.54
16		5 月中旬	544.2	28.27
17		6 月中旬	651	28.13
18		7 月	675	28.00
19		12 月	675	27.32
20	2014	6 月	675	26.50
21		12 月	675	25.68

续表

荷载步	年份	月份	膨胀荷载/kPa	剩余强度/GPa
22	2015	6月	675	24.87
23		12月	675	24.05
24	2016	6月	675	23.23
25		12月	675	22.42

2) 计算结果

(1) 隧道衬砌结构安全系数变化。不同时期的隧道衬砌抗压安全系数如表 3.18 所示。由表可见，隧道在完成支护后，随着围岩膨胀荷载的增加，隧道的安全系数不断降低，其中拱肩、边墙和拱底的降低速率最为显著，在发现裂缝的工况条件下，隧道安全系数损失 40%以上；在 2013 年底、2014 年初隧道仰拱拱底的安全系数首先降至 1.0，已构成巨大的风险；2016 年底，除隧道拱顶和右边墙外，其他部位安全系数均已经降至 1.0 及以下，隧道结构处于完全失稳状态。

表 3.18 隧道 ZK35+045 断面衬砌抗压安全系数计算表

时间	拱顶	左拱肩	右拱肩	左边墙	右边墙	拱底	备注
2011 年 4 月	35.7	9.0	7.4	8.8	7.2	17.7	
2011 年 5 月	27.1	6.3	6.6	6.4	6.9	13.1	
2011 年 6 月	26.5	6.1	6.5	6.3	6.6	12.9	
2011 年 7 月	25.1	5.9	6.2	6.3	6.1	12.5	
2011 年 8 月	23.2	5.4	5.8	6.1	6.6	11.7	
2011 年 9 月	21.0	4.9	5.4	5.8	6.1	10.2	
2012 年 5 月	18.4	4.4	4.8	5.3	5.6	8.2	2012 年 3 月发现裂缝
2012 年 6 月	15.3	3.8	4.2	4.7	5.1	6.2	
2012 年 7 月	12.7	3.3	3.7	4.1	4.5	4.7	
2012 年 8 月	10.5	2.8	3.2	3.5	3.9	3.5	
2012 年 9 月	10.4	2.4	3.1	3.0	3.4	2.6	

续表

时间	拱顶	左拱肩	右拱肩	左边墙	右边墙	拱底	备注
2012 年 12 月	8.4	2.2	2.6	2.8	3.2	2.2	2012 年 12 月裂缝持续发展
2013 年 3 月	7.8	2.1	2.5	2.6	3.0	2.0	
2013 年 5 月	7.7	1.8	2.4	2.2	2.6	1.6	
2013 年 6 月	6.6	1.5	2.1	1.8	2.2	1.3	
2013 年 7 月	5.6	1.4	1.8	1.6	2.0	1.1	
2013 年 12 月	5.0	1.3	1.6	1.5	1.9	1.0	2013 年 11 月隧道二次衬砌开裂、地面隆起、电缆沟变位
2014 年 6 月	4.5	1.2	1.5	1.4	1.7	0.9	
2014 年 12 月	4.1	1.1	1.3	1.3	1.6	0.9	
2015 年 6 月	3.8	1.0	1.2	1.2	1.5	0.8	
2015 年 12 月	3.4	0.9	1.1	1.1	1.3	0.7	
2016 年 6 月	3.2	0.9	1.0	1.0	1.2	0.7	
2016 年 12 月	3.1	0.8	1.0	1.0	1.2	0.7	2016 年 11 月出现崩裂前兆

(2) 不同时期的隧道衬砌病害发展对比。不同时期的隧道衬砌病害发育情况对比如表 3.19 所示。由表可见，计算获取的隧道病害情况与隧道工程实际病害在时间和病害类型(图 3.35)上完全一致，较好地反映了隧道病害的产生过程和时间节点。

表 3.19　隧道 ZK35+045 断面衬砌病害发育对比

时间	计算结果描述	工程实际情况
2012 年 5 月 荷载步 9	隧道拱顶产生了较小变形；左边墙产生 5.26mm 收敛，右边墙产生 3.24mm 收敛；两侧电缆沟均产生轻微内倾变形；路面产生 4.44mm 的隆起变形，面层与垫层之间产生 0.5mm 的脱空	2012 年 3 月发现杜公岭隧道左洞 ZK34+935～ZK35+180 段二次衬砌出现间断性纵向裂缝，多分布在距边墙底部以上 2～3m，局部有环向和斜向裂缝

续表

时间	计算结果描述	工程实际情况
2012 年 7 月 荷载步 11	左侧边墙产生 9.9mm 收敛与宽度为 0.087mm 的裂缝，右侧边墙产生 6.6mm 收敛与宽度为 0.043mm 的裂缝；左侧电缆沟产生 5.9mm 的内倾变形，右侧电缆沟产生 5.1mm 的内倾变形；路面产生 12.9mm 的隆起变形，面层与垫层之间产生 0.7mm 的轻微脱空	—
2012 年 12 月 荷载步 14	左侧边墙产生 17.05mm 收敛与宽度为 0.696mm 的裂缝，右侧边墙产生 10.7mm 收敛与宽度为 0.37mm 的裂缝；左侧电缆沟产生 13.853mm 的内倾变形，右侧电缆沟产生 9.519mm 的内倾变形；路面产生 36mm 的隆起变形，面层与垫层之间产生 2.024mm 的脱空	2012 年 12 月底在隧道左洞 ZK34+945～ZK35+095 段二次衬砌裂缝有不同程度的发展，其裂缝多分布在距边墙底部以上 2～3m，局部有分叉并伴有渗漏水
2013 年 12 月 荷载步 19	隧道拱顶部位产生较小的变形；左侧边墙产生 28.54mm 收敛与宽度为 9.868mm 的裂缝，右侧边墙产生 17.1mm 收敛与宽度为 3.47mm 的裂缝；左侧电缆沟产生 34.379mm 的内倾变形，右侧电缆沟产生 16.697mm 的内倾变形；路面产生 101.2mm 的隆起变形，面层与垫层之间产生 9.184mm 的脱空	2013 年 11 月发现左洞 ZK34+700～ZK35+550 段约 950m，隧道二次衬砌开裂、地面隆起、电缆沟变位等病害有所发展
2014 年 6 月 荷载步 20	隧道拱顶部位产生较小的变形；左侧边墙产生 30.584mm 收敛与宽度为 10.296mm 的裂缝，右侧边墙产生 18.875mm 收敛与宽度为 3.793mm 的裂缝；左侧电缆沟产生 39.539mm 的内倾变形，右侧电缆沟产生 19.337mm 的内倾变形；路面产生 114.74mm 的隆起变形，面层与垫层之间产生 11.108mm 的脱空	2014 年 4～7 月，经检测发现隧道左洞 ZK34+605～ZK35+550 段存在不同程度的病害现象，主要类型包括隧道衬砌开裂、衬砌局部崩裂、路面开裂与隆起、检修道变形等，其中衬砌开裂、路面开裂与隆起为最突出的两种病害类型
2016 年 6 月 荷载步 24	左侧边墙产生约 37mm 收敛与宽度为 12.72mm 的裂缝，右侧边墙产生约 23mm 收敛与宽度为 4.229mm 的裂缝；左侧电缆沟产生约 56.209mm 的内倾变形，右侧电缆沟产生约 27.123mm 的内倾变形；路面产生 169.44mm 的隆起变形，面层与垫层之间产生 20.525mm 的脱空	2016 年 7 月至 2017 年 5 月，左洞 ZK35+053、ZK34+990 等附近出现二次衬砌崩落现象

续表

时间	计算结果描述	工程实际情况
2016 年 12 月 荷载步 25	左侧边墙产生约 37.49mm 收敛与宽度约为 13.101mm 的裂缝，右侧边墙产生约 24.01mm 收敛与宽度为 4.295mm 的裂缝；左侧电缆沟产生约 59.708mm 的内倾变形，右侧电缆沟产生约 28.844mm 的内倾变形；路面产生 176.68mm 的隆起变形，面层与垫层之间产生 22.994mm 的脱空	2016 年 7 月至 2017 年 5 月，左洞 ZK35+053、ZK34+990 等附近出现二次衬砌崩落现象

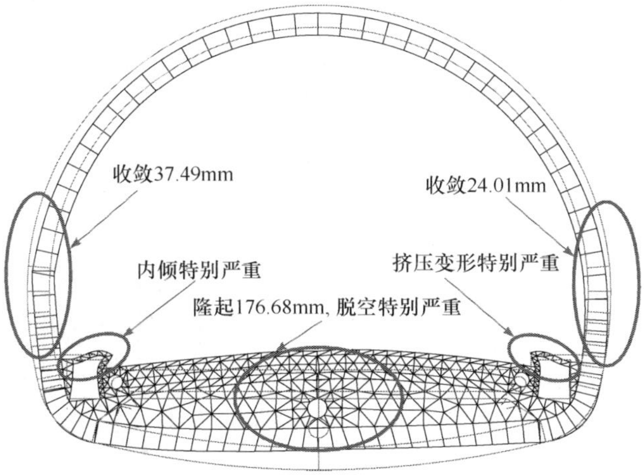

图 3.35 ZK35+045 隧道断面病害形态

3.6.2 隧道病害发展总体规律验证

根据 2.4 节隧道病害总体发展规律的分析(表 2.1)，2012 年杜公岭隧道病害主要为衬砌裂缝、路面隆起和路面开裂 3 种；2013 年又增加了电缆沟倾覆；2014 年后相继出现了二次衬砌拱脚部位的局部崩裂和局部段落的变形侵限；2016 年、2017 年杜公岭隧道部分段落病害恶化，导致隧道二次衬砌混凝土突发性崩塌掉落、电缆沟内墙挤出。

2012～2013 年，隧道出现衬砌裂缝、路面隆起和路面开裂，表明隧道结构荷载不断增加。

2014～2015 年，隧道出现了局部崩裂、变形侵限的现象，表明隧道衬砌结构随着外荷载的增加，在局部位置逐渐达到混凝土强度的承受范围，隧道结构失稳现象开始出现。

2016 年、2017 年，隧道出现二次衬砌崩裂与电缆沟内墙挤出，是典型的隧道混凝土结构失稳现象。

可见，杜公岭隧道总体病害的发展与 3.5 节的隧道病害演化过程十分吻合。

3.6.3 隧道衬砌崩落数据信息验证

对杜公岭隧道 5 个衬砌崩落失稳断面的施工信息和崩落信息进行统计分析，如表 3.20 所示。由表可见，5 个典型崩落断面均出现了碳硫硅钙石型硫酸盐侵蚀和围岩膨胀变形，隧道衬砌自初期支护施作完成至混凝土结构崩落经历的时程为 61～77 个月，与演化模型分析结果(73±13)个月基本相符，表明提出的病害演化规律基本反映了隧道病害的衍生过程。

表 3.20　隧道崩落断面信息

序号	桩号	初期支护时间	崩落时间	时长/月	照片	备注
1	ZK35+040	2011 年 3 月	2017 年 3 月	61		TSA
2	YK35+055	2010 年 12 月	2016 年 11 月	71		TSA
3	YK34+770	2011 年 4 月	2016 年 8 月	64		TSA
4	ZK35+325	2010 年 10 月	2017 年 3 月	77		TSA

续表

序号	桩号	初期支护时间	崩落时间	时长/月	照片	备注
5	YK34+500	2011 年 6 月	2017 年 7 月	73	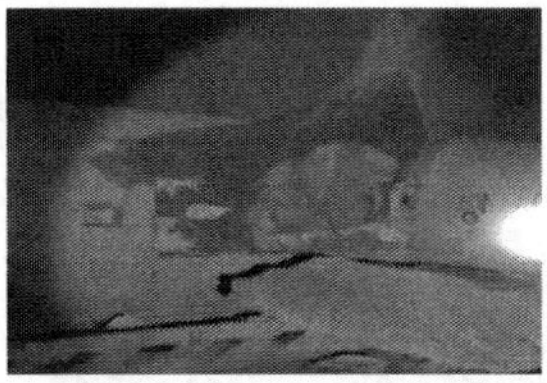	TSA

第 4 章　隧道病害处治设计方法

本章根据隧道病害处治工程的特点，阐述隧道病害处治设计的主要对象和常用方法，在此基础上，结合杜公岭隧道介绍隧道病害处治过程中隧道地下水与衬砌支护结构病害处治设计等设计要点及技术指标。

4.1　隧道病害处治设计特点

4.1.1　隧道病害处治工程特点

隧道病害处治工程与新建隧道工程相比，具有以下特点：

(1) 隧道病害处治工程的实施母体是已建成的隧道工程，在病害处治设计中既必须考虑既有的隧道工程衬砌支护、路面结构、防排水系统等结构的状况，又要关注处治中新施作结构与既有结构的协调性、协同性；而新建隧道工程的实施母体是原岩岩体，所有的隧道结构均是同步进行设计的，不存在新结构与既有结构的差异性问题。

(2) 隧道病害处治工程的规模较小，一般仅为已建成隧道工程的一部分、某一区段；或者，仅为隧道工程中的某一分部工程，如路面工程、二次衬砌表观、隧道防排水系统等，不涉及工程线位、技术标准等。而新建隧道工程设计通常是作为一条高速公路的一部分(或同一路段的多座隧道)进行整体设计，需考虑隧道工程的线位、技术标准等。

(3) 隧道病害处治工程的复杂性与受控因素比新建隧道工程多，隧道病害处治设计不仅要考虑隧道建设期所面临的各种影响因素，还需要考虑隧道既有结构的形态特征及各项指标，以及项目实施过程中相应的保通要求(隧道通行、信号畅通等)。

(4) 隧道病害处治的某些工程设计难度一般要比新建隧道工程大。隧道工程之所以出现病害，除工程施工质量及运营维护管理方面的影响外，还存在既有隧道设计不能与工程环境相匹配，或设计期对隧道工程环境存在了解不全面、不清楚的情况。因此，隧道病害处治设计不仅要掌握、熟悉已知的工程环境信息，还需要查找潜在的未知影响因素及探查其与隧道病害间的关联性，并给出相应的设计对策。

(5) 隧道病害处治设计的风险比新建隧道设计高。隧道病害处治设计的风险包括隧道病害处治方案的可靠性风险、施工组织的安全风险，还包括一定的社会风险。例如，某些隧道工程病害本身就受到社会公众的广泛关注，如果处治不到位，极易造成极大的负面影响。

(6) 隧道病害处治的组织设计难度大，隧道病害处治设计需要考虑项目实施过程中路网的保通、衬砌拆除作业安全、作业周期短等，这些是新建隧道设计不涉及的。

4.1.2　隧道病害处治设计原则

根据隧道病害处治工程特点，隧道病害处治设计应遵循以下原则：

(1) 隧道病害处治设计遵循隧道建设期的工程技术标准、指标，以恢复、改进、完善隧道支护结构、路面结构、防排水体系等隧道分部工程的功能为主，即恢复隧道交通功能和隧道构筑物基本性能，保障行车通畅。

(2) 隧道病害处治设计中应遵循“病害调查全面、病害成因明确、病害状况清楚、处治对象确切、处治方案可靠、施工组织安全”的基本原则。即查清隧道病害原因、掌握工程地质条件、科学划分病害等级和病害类型；根据隧道病害成因、机理制定具有针对性的处治设计方案；本着“结构安全，节约投资”的原则，最大限度地利用既有隧道衬砌结构，并充分考虑到隧道病害形成的复杂性和人们对自然认知的局限性。

(3) 隧道病害处治设计中应充分考虑处治段落与非处治段落的衔接，保障处治完成后隧道衬砌支护结构的协同性、顺接性。

(4) 隧道病害处治设计中应充分考虑与重视处治后隧道衬砌支护结构的抗病变性、长期安全性与结构耐久性，不存后患，除应急项目外，病害处治应按照标本兼治的原则进行彻底处治。

(5) 隧道病害处治设计应注重隧道病害处治施工组织设计、隧道既有辅助设施的保护，充分考虑处治施工方案的可行性、安全性，既有辅助设施的处置与恢复及保通的需求。

(6) 隧道病害处治工程应严格贯彻动态设计理念，应注重处治施工期监控信息反馈，依据处治施工期揭露病害情况适时调整处治设计方案，并将工程安全放在首位。

4.1.3 隧道病害处治设计对象分类

隧道工程病害作为一种地下工程结构的病害，其病害机理、成因中不仅涉及隧道结构自身各个分部工程，还要考虑其隧道环境，如工程地质环境、水文地质环境。而且在某些隧道工程病害中，隧道环境常是隧道病害产生的最根本原因，而隧道结构自身病害仅仅是所有因素相互作用的表象。因此，隧道病害处治设计对象主要分为两类。

(1) 隧道工程结构类处治设计，包括隧道二次衬砌结构、隧道初期支护结构、隧道防排水系统、隧道路面结构、隧道装饰、隧道交通安全设施等。

(2) 隧道工程环境类处治设计，主要包括两个方面，一是地下水处治，二是隧道围岩(岩体)处治。

4.2 隧道病害处治设计要点

隧道病害是隧道自身结构质量(包括设计质量、材料质量、施工质量)、工程环境(包括工程地质环境、水文地质环境)综合作用的结果，隧道工程结构是作用的承受者和病害的表现者。隧道病害与工程环境密不可分，其中含硬石膏泥灰岩地层就是工程环境十分复杂的一种地质条件，其隧道病害的类型多、形态复杂、严重程度不一，极具代表性。

4.2.1 隧道病害处治方法与适用性

含硬石膏泥灰岩地层隧道病害多发于隧道洞身段衬砌结构和路面结构，通过文献检索发现，隧道衬砌结构和路面结构的病害表现形式如表 4.1 所示。

表 4.1　隧道结构病害表现形式

类型	病害表现
衬砌结构	衬砌裂缝、衬砌错台错缝、边墙下沉、衬砌突发性坍塌掉块、仰拱底鼓与隆起、仰拱开裂、衬砌背后空洞、衬砌背后回填不密实、衬砌剥落与剥离、蜂窝、麻面、混凝土强度损失、钢筋锈蚀、渗漏水、挂冰、衬砌冰楔
路面结构	路面开裂、路面隆起与脱空、路面板错台、翻浆冒泥、路面结冰、边沟开裂与破损

由表 4.1 可知，病害类型繁多，产生的原因也错综复杂，这导致处治方法的选取比较困难，尤其是对含硬石膏泥灰岩地层隧道病害的处治更为棘手。

病害处治方法的适用条件取决于病害类型，通过阅读文献并结合表 4.1，总结归纳适用于衬砌结构病害和路面结构病害的处治方法。

1) 衬砌结构病害处治方法

衬砌结构病害的处治方法主要从衬砌裂损、衬砌背后缺陷、材料劣化和渗漏水四种典型的病害进行归纳总结。

(1) 衬砌裂损病害。隧道衬砌裂损的处治方法应根据衬砌裂缝的分布密度、走向、宽度、深度、长度、衬砌变形的大小和范围、围岩的风化破碎、节理裂隙发育情况确定。通过梳理众多学者对隧道衬砌裂损病害的处治方法，总结出隧道衬砌裂损的处治方法、适用情况和处治优点，如表 4.2 所示。

表 4.2　衬砌裂损病害处治

病害类型	病害表现	病害处治			
		处治方法		适用情况	处治优点
衬砌裂损	衬砌裂缝	加固围岩整治措施	灌浆锚固	适用于围岩风化、破碎较严重区域，节理及裂隙较发育的情况	提高围岩强度和承载能力，围岩与衬砌共同受力

续表

病害类型	病害表现	病害处治			
		处治方法		适用情况	处治优点
衬砌裂损	衬砌裂缝	加固围岩整治措施	深孔压浆法	适用于围岩风化、破碎严重区域，节理及裂隙发育的情况	提高围岩强度、黏结力和承载能力，防止地下水渗入
			治水稳固围岩	适用于地下水丰富地区或有充水的溶洞或暗河且存在膨胀性围岩的情况	疏排地下水，降低膨胀岩的膨胀软化现象
		加固衬砌整治措施	表面处理	适用于修补静止裂缝，且裂缝宽度较细（宽度小于0.2mm）、较浅的情况	防止衬砌裂纹加深发展，保持美观
			凿槽充填	适用于修补中等宽度的裂缝，裂缝宽度大于0.2mm的情况	防止衬砌局部劣化，保持美观
			喷射混凝土	适用于裂缝较多、深度较浅、发展缓慢的局部破损，且净空富余的情况	防止衬砌局部劣化
			嵌入钢拱架	适用于裂缝密集，裂缝宽度和深度影响衬砌的整体性，局部丧失承载能力的情况	增加衬砌刚度、局部强度和承载能力
			钢筋混凝土套拱	适用于拱部开裂严重、掉块，衬砌结构承载能力不足，且净空富余的情况	增加衬砌厚度、强度和承载能力
			置换、换拱	适用于衬砌裂损严重、结构丧失承载能力或者衬砌严重侵入限界的情况	提高整体衬砌结构的强度和承载能力
	衬砌变形	加固衬砌整治措施	增设钢拱架	适用于衬砌局部断面内移变形的情况	增加衬砌刚度、抗剪强度和承载能力

续表

病害类型	病害表现	病害处治			
		处治方法		适用情况	处治优点
衬砌裂损	衬砌变形	加固衬砌整治措施	喷锚加固	适用于衬砌内鼓和向内移动的裂损部位	提高衬砌与围岩的共同承载能力
			结构抽换	适用于衬砌结构变形较大、错台错缝、侵入净空限界，丧失承载能力的情况	提高衬砌强度和承载能力

(2) 衬砌背后缺陷病害。隧道衬砌背后缺陷病害的处治方法应根据背后空洞所处的围岩性质、地下水条件、空洞分布范围、大小及位置等确定。通过查阅隧道衬砌背后缺陷病害相关文献，得出隧道衬砌背后缺陷的处治方法、适用情况和处治优点，如表 4.3 所示。

表 4.3　衬砌背后缺陷病害处治

病害类型	病害表现	病害处治		
		处治方法	适用情况	处治优点
衬砌背后缺陷	衬砌背后空洞	回填与换填	适用于衬砌背后回填不密实，存在厚度不大的软弱不稳固岩体或填充物的情况	初期支护与围岩紧密结合，荷载作用均匀
		衬砌背后注浆	适用于衬砌结构脱空、厚度不足，未丧失承载能力，围岩破碎、级别较差的情况	提高围岩强度和承载能力，荷载作用均匀，衬砌和围岩稳定

(3) 材料劣化病害。材料劣化病害的处治主要从两个角度考虑，一是诱因，二是材料本身的性能。同时，必须结合围岩岩性、地下水侵蚀状况、病害程度采取具体的处治措施。根据总结分析文献中对材料劣化病害的研究成果，得出材料劣化病害的处治方法、适用情况和处治优点，如表 4.4 所示。

表 4.4 材料劣化病害处治

病害分类	病害表现	病害处治		
		处治方法	适用情况	处治优点
材料劣化	混凝土强度损失、钢筋锈蚀	防水混凝土	隧道边墙富含侵蚀性的环境水；隧道边墙脚附近衬砌表面长白毛，表层 1cm 以内疏松剥落或混凝土强度降低、钢筋锈蚀，外观尚完整，但用地质锤敲打表面有疏松感	阻止环境水的侵蚀，提高衬砌的耐久性，降低侵蚀影响
		耐侵蚀水泥		合理选用水泥品种，尽量改善混凝土受侵蚀的内因
		加强衬砌外排水		疏排侵蚀性环境水，减少与衬砌的接触，降低侵蚀的影响
		压注防蚀浆液		阻止地下水对衬砌结构的侵蚀
	衬砌剥落、剥离	粘贴纤维复合材料	适用于在较小范围内有衬砌裂缝、掉块、剥落、剥离的情况	防止衬砌局部劣化，保持美观
		粘贴钢板(带)		
		防护网		

(4) 渗漏水病害。公路隧道渗漏水的治理应根据漏水水源、漏水类型、漏水部位及漏水量，并遵循“防、排、截、堵结合，因地制宜，综合治理”的原则，确定处治方案。分析总结得出隧道渗漏水病害的处治方法、适用情况和处治优点，如表 4.5 所示。

表 4.5 渗漏水病害处治

病害分类	病害表现	病害处治		
		处治方法	适用情况	处治优点
渗漏水	漏水	导水法(设置导水管)	适用于漏水量大、漏水沿施工缝及开裂处呈直线状发生、净空断面有富余的情况	通过不闭塞的水路导入排水沟，避免施工缝和开裂缝的渗漏水

续表

病害分类	病害表现	病害处治		
		处治方法	适用情况	处治优点
渗漏水	漏水	剔槽法(修 V 型或 U 型剔槽)	适用于漏水量较大、漏水沿施工缝和开裂处呈线状发生、净空断面富余的情况	止住施工缝局部的漏水，但水多会转向从附近的薄弱处漏出
		止水法(用止水材料填充)	适用于漏水程度轻微、漏水沿施工缝及开裂处呈线状发生的情况	
		喷射法	适用于大范围发生漏水但漏水量小或与其他有效整治漏水对策并用的情况	与其他面状止水法相比能形成无接缝的防水层，对衬砌的凹凸也易于适应，但保持防水层厚度均匀是很困难的
		涂层法	适用于漏水呈面状、净空断面有富余的情况	避免拱部渗漏水，利于从板的背后进行面状导水
		防水板		
		防水薄膜	适用于漏水呈面状、漏水量比较少或与其他行之有效的方法并用的情况	防水薄膜贴附在衬砌表面上，形成面状防水层，并从薄膜背后导水
		注浆治理	适用于岩体裂隙发育、渗漏水量大，并伴有衬砌裂缝存在的情况	充填岩体裂隙，降低地层透水系数，达到加固围岩和阻水的效果
		降低水位法	适用于漏水范围广、漏水量大、地下水位高的情况	降低地下水位，避免隧底翻浆冒泥
		帷幕注浆	适用于渗漏水程度严重、涌水量大的情况	使地下水从隧道外一定范围内渗漏，避免洞内大量涌水
		采用引气剂防水混凝土	适用于高寒地区	提高混凝土的抗渗能力和变形能力
	挂冰	局部注浆	适用于寒区隧道围岩地下水丰富区段	隔离地下水，提高衬砌结构的抗冻胀能力
		设置保温层	适用于高寒地区	提高衬砌结构周围的温度，避免冻胀破坏

续表

病害分类	病害表现	病害处治		
		处治方法	适用情况	处治优点
渗漏水	挂冰	采取供热防冻技术	适用于寒区隧道围岩地下水丰富区段	将衬砌加热至较高温度，避免衬砌背后排水通道的封冻

2) 路面结构病害处治方法

路面结构病害的处治应根据原结构是否设有仰拱、路面结构病害的程度等级、隧底是否处于膨胀软弱性围岩区、富含地下水等条件，最终采取安全合理的处治方法。通过阅读文献，分析总结得到路面结构病害处治方法、适用情况和处治优点，如表 4.6 所示。

表 4.6　路面结构病害处治

病害分类	病害表现	病害处治		
		处治方法	适用情况	处治优点
路面结构病害	边沟开裂	补强整治	适用于病害轻微路段	提高局部病害路段强度
	路面开裂	锚杆加固、局部清除加固	适用于隧底为膨胀性围岩、偏压或无仰拱区域	提高隧底围岩与路基的共同承载力
	翻浆冒泥	基底换填或注浆	适用于隧底围岩较差，且已导致隧底结构丧失稳定性的情况	提高隧底围岩的强度和承载能力
	路面隆起与脱空	锚杆加固、增换仰拱	适用于隧底处于膨胀性围岩且地下水丰富区域	闭合成环，提高边墙与仰拱的共同承载能力

4.2.2　石膏岩隧道处治方法优缺点比较

依据隧道病害处治方法的适用条件，结合含硬石膏泥灰岩地层隧道病害表现形式和形成原因，并且基于技术可靠、经济合理的原则，梳理出可用于含硬石膏泥灰岩地层隧道的病害处治方法，如表 4.7 所示。

表 4.7　公路隧道病害处治技术

处治方法		病害原因										病害表现特征	适用情况
		外力引起的变化					渗漏水	材料劣化	其他				
		松弛压力	偏压	膨胀性土压	承载力不足	冻胀力			衬砌背后缺陷	衬砌厚度不足	无仰拱		
围岩	围岩注浆	▲	▲			▲	▲	▲	▲			衬砌裂缝	适用于围岩风化、破碎严重、节理及裂隙发育区域
	衬砌背后注浆	▲	▲	▲	▲	▲	▲		★	★		衬砌背后空洞	适用于衬砌结构脱空、厚度不足、未丧失承载能力、围岩较破碎区域
	灌浆锚固		▲	★	★							衬砌裂损	适用于膨胀性围岩且风化破碎较严重、衬砌结构承载能力不足区域
衬砌结构	置换	★	★	★	★				▲	★	★	衬砌裂损	适用于衬砌裂损严重、结构丧失承载能力或者衬砌严重侵入限界的情况
	增换仰拱			★	★						★	仰拱底鼓、隆起	适用于无仰拱、隧底为膨胀性围岩的情况

续表

处治方法		病害原因										病害表现特征	适用情况
		外力引起的变化					渗漏水	材料劣化	其他				
		松弛压力	偏压	膨胀性土压	承载力不足	冻胀力			衬砌背后缺陷	衬砌厚度不足	无仰拱		
衬砌结构	套拱	★	★	▲	★			▲		★		衬砌裂损	适用于拱部开裂、拱顶掉块、衬砌结构承载能力不足、净空富余的情况
	凿槽嵌拱增设钢拱	▲	▲	▲	★							衬砌裂缝	适用于裂缝密集、裂缝宽度和深度影响衬砌的整体性、局部丧失承载能力的情况
	喷混凝土	▲	▲	▲	▲		▲	▲		▲		衬砌裂缝	适用于裂缝较多、深度较浅、发展缓慢的局部破损、净空富余的情况
	防护网							★				衬砌剥落、剥离	适用于在较小范围内有衬砌裂缝、掉块、剥落、剥离的情况
	排水止水					★	★	▲				渗漏水	适用于边墙渗水、拱顶滴水等渗漏水的情况

续表

处治方法		病害原因										病害表现特征	适用情况
		外力引起的变化					渗漏水	材料劣化	其他				
		松弛压力	偏压	膨胀性土压	承载力不足	冻胀力			衬砌背后缺陷	衬砌厚度不足	无仰拱		
路面结构	锚杆加固	▲	★	★	▲						★	路面裂缝、膨胀	适用于隧底为膨胀性围岩、偏压地段
	基底注浆			★	★		▲				★	翻浆冒泥	适用于隧底为膨胀性围岩，且已导致基底结构丧失稳定性的情况
	基底回填与换填			★	★		▲				★	路面隆起、脱空	适用于隧底为膨胀性、软弱性围岩或仰拱与边墙连接失效的情况

注：★表示对病害处治有效的方法，▲表示对病害处治较有效的方法。

1) 二次衬砌置换

该方案适用于二次衬砌已损坏、结构承载能力不足的素混凝土隧道二次衬砌或严重损毁的钢筋混凝土二次衬砌，将原二次衬砌拆除，更换为新钢筋混凝土二次衬砌。在实施过程中，若所揭露初期支护已变形破坏严重，或导致二次衬砌厚度已严重不足，需对初期支护进行拆除和补强；若初期支护仅部分变形明显，承载能力不足，则对初期支护局部开槽嵌钢架补强。

优点：①提高了二次衬砌的结构强度；②封闭了隧道支护衬砌结构，完善了隧道衬砌结构受力体系；③机械化施工程度高、效率高。

缺点：①工程大、成本高；②上部衬砌拆除具有风险，施工安全控制与技术要求高。

2) 二次衬砌嵌拱

该方案适用于隧道素混凝土二次衬砌局部承载能力不足区段或部位。

优点：①增强了二次衬砌的强度；②避免二次衬砌混凝土的大范围拆除。

缺点：①开槽机械化作业水平低，工程成本较高；②以人工拆除为主，速度慢、效率低。

3) 二次衬砌喷射钢纤维混凝土

该方案适用于素混凝土或钢筋混凝土的二次衬砌结构承载力出现降低迹象、表层裂缝较发育，但隧道内轮廓与建筑限界间存在一定富余的空间，能够满足喷射钢纤维混凝土要求的区段。

优点：①增强二次衬砌的整体结构性和强度；②避免钢筋混凝土的拆除。

缺点：要求隧道内轮廓与建筑限界存在一定富余的空间。

4) 二次衬砌粘贴钢板

该方案适用于隧道表观裂缝稍发育、二次衬砌承载能力降低稍大、病害纵向长度较短区段。二次衬砌粘贴钢板加固首先在二次衬砌表层刻槽；然后粘贴波浪形钢带，钢带用注浆锚杆或砂浆锚杆固定；最后表层喷钢纤维混凝土找平。

优点：①增强二次衬砌的整体结构性和强度；②工艺简单，避免钢筋混凝土的拆除。

缺点：①需刻槽，加固强度有限；②工艺较复杂。

5) 仰拱换拱、仰拱增设

该方案适用于隧底为膨胀性围岩、仰拱为素混凝土或未设仰拱区段。

优点：①提高了二次衬砌的结构强度；②封闭了隧道支护衬砌结构，完善了隧道衬砌结构受力体系；③增强了仰拱抵抗水平应力的能力。

缺点：仰拱施工对上部结构临时措施或预加固措施要求高。

6) 仰拱嵌拱

该方案主要用于仰拱为素混凝土隧道病害区。

优点：①增强仰拱承载力；②避免钢筋混凝土的拆除。

缺点：加固强度有限。

4.2.3　隧道工程材料技术指标要求

在隧道病害处治过程中，衬砌支护结构材料的要求主要有：

(1) 混凝土材料。隧道病害处治设计中混凝土标号应大于既有衬砌结构混凝土标号，其中隧道初期支护混凝土宜采用C30及以上，二次衬砌混凝土宜采用 C35 及以上；隧道嵌拱混凝土应采用微膨胀型混凝土材料，钢架背后需充填密实；新增仰拱或仰拱置换时，仰拱回填宜采用C20及以上混凝土。

(2) 钢材。处治设计所用钢材种类应为 HPB300 和 HRB400；锚杆杆体直径宜不小于25mm，钢筋网材料直径宜不小于8mm；隧道若存在腐蚀环境，型钢钢架与锚杆杆体应进行防腐处理。

(3) 其他要求。①隧道处治工程中拆除后的衬砌混凝土材料禁止在主体衬砌支护结构或永久性结构中再次利用；②混凝土外添加剂应符合隧道工程环境技术要求，尤其存在特殊腐蚀型病害的隧道；③隧道病害处治中所用材料(如裂缝修复材料、注浆材料、黏结剂等)均不得对隧址区环境产生负面影响，不得加剧地下水在排放过程中的结晶。

4.3　隧道地下水处治设计

隧道地下水处治设计包含以下三部分内容：

(1) 隧道衬砌结构抗防渗漏水设计。主要侧重隧道混凝土结构自身的防水能力设计，隧道病害处治设计时，隧道初期支护混凝土抗渗等级不得小于 P6，宜大于 P8；隧道二次衬砌混凝土抗渗等级不得小于 P8。

(2) 隧道防排水系统设计。主要侧重在原有防排水设计基础上恢复原有排水系统功能，提高与改善排水性能，减少地下水在隧道衬砌背后汇集，降低存续时间。

(3) 隧道围岩(岩体)地下水控制。主要用于隧道岩体节理裂隙发育、地下水流通活跃的围岩，处治设计的目的是将地下水隔离，使其尽量远离隧道衬砌结构；或者，减少地下水向隧道周边汇集的水量。

4.3.1　隧道防排水系统设计

隧道病害处治设计中防排水系统设计应注意以下设计要点：

(1) 非渗漏水型隧道病害处治设计时，隧道防排水设计以建设期设计方案为准恢复原设计功能；否则，应提高隧道防排水性能要求，增加隧道排水系统的可维护性。

(2) 隧道病害处治段落与非处治段落连接处应设置检查井，通过检查井将既有系统与新建排水系统串联起来。

(3) 隧道纵向排水管、横向排水管、中心排水沟间的高程衔接应满足排水需要，不得出现积水、无法排水的现象。主要内容包括：

① 隧道纵向排水管、中心排水沟应严格按照隧道纵向坡度顺接设计，若隧道纵向坡度与既有纵坡坡度不同，应注意起始端与终端高程变换间的过渡、衔接。

② 侧向检测井纵向排水管口高程不得低于横向排水管口高程。

③ 隧道处治段落与非处治段落连接处防水板间可采用直接搭接(搭接长度不小于 10cm)，或非处治段落端部进行封堵设计，隔断隧道衬砌背后地下水沿纵向串流。

(4) 隧道防水板布设宜采用全包式设计。

4.3.2　隧道围岩(岩体)地下水处治设计

隧道围岩(岩体)地下水处治设计根据地下水所处位置的不同，可分为隧道周边围岩中地下水处治和不良地质体中地下水处治。

1) 隧道周边围岩中地下水处治

隧道周边围岩中地下水处治的主要目标是防止地下水在隧道衬砌背后渗流和汇集。根据地下水的堵、排方式不同，隧道周边围岩中地下水处治有两种方式：

(1) 通过注浆增强围岩密实性，将地下水隔离，防止其渗流至隧道衬砌背后或纵向串流，以堵为主。

(2) 通过在隧道仰拱合理位置布设泄水孔或泄水井，将隧道衬砌背后汇集的地下水引排至隧道仰拱下方深部岩体中，以排为主。采用该方式需要掌握隧道仰拱下部地层特征，满足地下水的排放要求。同时，排水井应设置反压装置，防止地下水通过竖向排水井涌入隧道。

2) 不良地质体中地下水处治

不良地质体中地下水处治主要是指隧道设计高程以上的不良地质体或具有较高水位的不良地质体，这些不良地质体对隧道渗漏水提供了补给源或流通路径等，应根据不良地质体类型采用不同的处治措施。

(1) 隧道上方或地表存在采空区、矿坑或天然池塘等具有蓄水、积水的地质体，对此类不良地质体应尽量予以填充。

(2) 岩溶类溶洞、溶腔类不良地质体常为地下水汇集、流通提供条件，对此类不良地质体在体积较大时宜进行回填，体积较小时应采用注浆方式填充。

(3) 断层类不良地质体多与隧道直接相交，为地下水流通提供路径，此类不良地质体应采用注浆进行封堵。

(4) 褶皱类不良地质体的核部多为地下水的汇集区(向斜)或地下水排泄通道(背斜)。该类不良地质体对隧道地下水的影响与两者间的空间关系密切相关，宜采用封堵和排泄综合方式处治。

(5) 对天然的地下水流通通道，封堵时应加强对流通通道的疏通，而不宜直接截断或隔断地下水流通。

4.4　隧道临时支护与施工组织

隧道病害处治中施工作业对象为既有衬砌结构，根据病害的不同，待拆除结构存在于不同的受力状态中，尚对隧道围岩提供着支撑作用，且隧道衬砌结构在纵向上还有着不同的牵制作用。因此，隧道病害处治中对既有结构的施工具有明显的结构卸荷行为，一旦相关安全措施不合理、施工组织不到位，就会引发相关的围岩、衬砌坍塌，出现安全事故。

隧道临时支护与施工作业设计一般包括临时支护设计、衬砌拆除设计、二次衬砌刻槽设计和仰拱开挖设计等内容。

4.4.1　临时支护设计

临时支护设计是隧道衬砌结构拆除、刻槽和增设仰拱作业的重要安全措施。临时支护设计宜遵循如下要点：

(1) 拆除作业前应完成隧道临时支护作业，临时支护可采用钢架、钢架+钢筋网片等形式。

(2) 拆除作业区两侧临时支护范围应不小于二次衬砌模板长度的一半，临时钢架榀数不少于 3 榀。

(3) 二次衬砌刻槽前宜在刻槽部位两侧各设置不少于 3 榀的钢架作为临时支护，临时钢架间距不大于 1.0m。

(4) 临时支护钢架间应采用ϕ25mm 钢筋连接，防止钢架扭曲；临时支护钢架应在拱脚处采用锁脚锚杆锚固。

(5) 在保证安全的前提下，可考虑轻便型防护台车替代临时钢架。

4.4.2　衬砌拆除设计

衬砌拆除设计主要用于隧道病害严重、既有隧道衬砌结构基本失去承载能力、无法继续承载或一般性的加固后仍提供运营所需安全性的隧道。拆除作业严防次生灾害发生，并降低对非拆除段的扰动，隧道病害处治施工宜实行机械化作业，降低施工人员的密集程度。

隧道衬砌拆除设计应遵循临时支护充分、拆除作业边界切割清晰、拆除作业范围安全、一次性拆除规模可控、拆除扰动小、拆除顺序合理的原则。隧道衬砌拆除设计的要点主要有以下几个。

(1) 拆除作业方式。拆除作业方式主要有三种可选择：微爆破、机械凿除、人工凿除。拆除作业方式选取应在保证作业安全的前提下，根据拆除作业对象属性、位置、环境、辅助措施等多种因素综合考虑确定，做到高效率、低成本。

(2) 拆除总规模。

① 应从隧道衬砌结构安全、长期稳定、受力合理的角度合理设计拆除规模，且宜以二次衬砌模板长度为单位进行拆除。

② 在纵向上，若某幅模板混凝土拆除长度超过一半，则应进行全幅拆除；在横向上，严禁半环拆除。

③ 开窗式拆除设计时，开窗尺寸宜控制在 1m 以下，且不宜在三缝处开窗拆除。

(3) 一次性拆除范围。

① 一次性拆除规模应结合隧道混凝土类型因素确定。

② 隧道衬砌应一次性将路面以上混凝土结构拆除完毕，不得分次拆除或遗留。

③ 纵向上一次性拆除应控制在 2m 以内，严防过程中混凝土大面积坍塌。

(4) 拆除顺序。在纵向上，拆除作业前应对拆除作业边界进行切割，解除拆除范围内混凝土与两侧混凝土的关联、牵制。

在横向上，拆除作业应严格按照先拱顶、再拱肩、后边墙的顺序自上而下进行，严禁先拆隧道边墙再拆拱顶。

4.4.3　二次衬砌刻槽设计

二次衬砌刻槽设计主要用于隧道二次衬砌嵌拱施工中，隧道二次衬砌刻槽设计的要点包括以下几个：

(1) 质量控制。严格控制刻槽边界，禁止将槽刻大、刻深或刻小，刻槽深度不得大于既有衬砌厚度的三分之二；禁止因刻槽产生次生裂纹、裂缝，破坏二次衬砌结构完整性。

(2) 刻槽作业顺序，在纵向上宜由两端向中间逐步刻槽，或跳跃式间隔刻槽；刻槽时应先刻槽的两侧边界，再凿除槽内混凝土。

(3) 为减少劳动密度、保障刻槽质量，宜优先采用机械化刻槽设备。

4.4.4 仰拱开挖设计

仰拱开挖设计主要用于病害断面隧道既有衬砌结构未设仰拱或既有仰拱承载失效，但隧道拱墙部位完好无需处治的段落。仰拱开挖设计的要点包括以下几个：

(1) 隧道仰拱部位开挖作业前应完成上部结构加固。隧道边墙加固可采用锁脚锚杆/锚管加固上部结构，必要时采用隧道临时横撑进行防护。

(2) 仰拱开挖宜采用跳槽式施作，一次性开挖，施作设计长度不宜超过 5m；且禁止一次性开挖长度超过二次衬砌模板长度，并严格控制开挖浇筑周期。

(3) 隧道仰拱与边墙搭接处应采取一定的保护措施，不得破坏既有隧道二次衬砌混凝土结构，并有利于拱脚部位钢材的准确布设和混凝土浇筑。

4.5 工 程 应 用

由第 3 章可知，杜公岭隧道病害的主要控制因素包括：①地下水，地下水是隧道衬砌病害产生的媒介，在整个隧道病害产生过程中扮演着重要的角色；②特殊岩土及不良地质，包括石膏岩和泥灰岩、矿坑及岩溶，这些为隧道病害的产生提供了天然的客观条件，造成隧道周边围岩自身稳性变差、承载能力低，使其衬砌结构附加荷载增加；③隧道衬砌支护结构，隧道衬砌结构服役过程中特别是出现碳硫硅钙石型硫酸盐侵蚀后，严重削弱了隧道衬砌结构的自身强度和承载能力，使得隧道病害未能得到遏制，造成隧道病害持续发展。

因此，隧道病害处治设计主要围绕隧道工程结构、地下水及隧道围岩(岩体)，以及隧道处治施工安全措施(隧道临时支护)设计等内容开展。

4.5.1　隧道工程结构处治设计

1. 隧道荷载确定

本节利用隧道病害监测数据和反演分析理论对杜公岭隧道病害衬砌的外部荷载进行反演计算，且假定隧道衬砌结构强度和承载能力未受到硫酸盐侵蚀影响。考虑杜公岭隧道地层分布特点和地层分布状况对隧道衬砌结构受力的影响，本节选取最不利的两组典型断面：①隧道周边全部为泥灰岩(简称 A 类)；②拱顶以上部位为灰岩、拱顶以下部位为泥灰岩(简称 B 类)。这两个典型断面信息如表 4.8 所示。

表 4.8　典型断面信息

断面桩号	主要病害情况	初期支护情况		二次衬砌情况		围岩类型		
		钢架	喷层	边墙	仰拱	洞顶	洞身	洞底
ZK34+721	边墙分布交叉的环向、斜向和纵向裂缝；路面底板结构脱空；隧道底部围岩较破碎，裂隙发育，岩溶较发育	I16 工字钢，间距 1.0m	20cm C20 混凝土	40cm C25 素混凝土	无	灰岩	泥灰岩	泥灰岩
ZK35+045	衬砌分布较长、较宽的纵向、斜向和环向裂缝；边墙崩裂 1 处;路面隆起，分布有较长的纵向、斜向和横向裂缝；底板结构严重脱空；断面异常，拱腰收敛，侵入设计内轮廓	I16 工字钢，间距 0.8m	22cm C20 混凝土	45cm C25 钢混凝土	45cm C25 钢混凝土	泥灰岩	泥灰岩	泥灰岩夹层

1) 反演计算参数

杜公岭隧道围岩基本物理力学参数如表 4.9 所示。

表 4.9　围岩基本物理力学参数

岩体	变形模量/GPa	泊松比	黏聚力/MPa	内摩擦角/(°)	容重/(kN/m³)
泥灰岩	1.4	0.33	0.27	30.0	23.38
灰岩	10.0	0.28	1.1	44.5	24.0

2) 反演计算结果

(1) 隧顶为灰岩、洞身与隧底为泥灰岩地层(ZK34+721 断面)。

ZK34+721 断面有限元模型及其细部详图如图 4.1 所示。

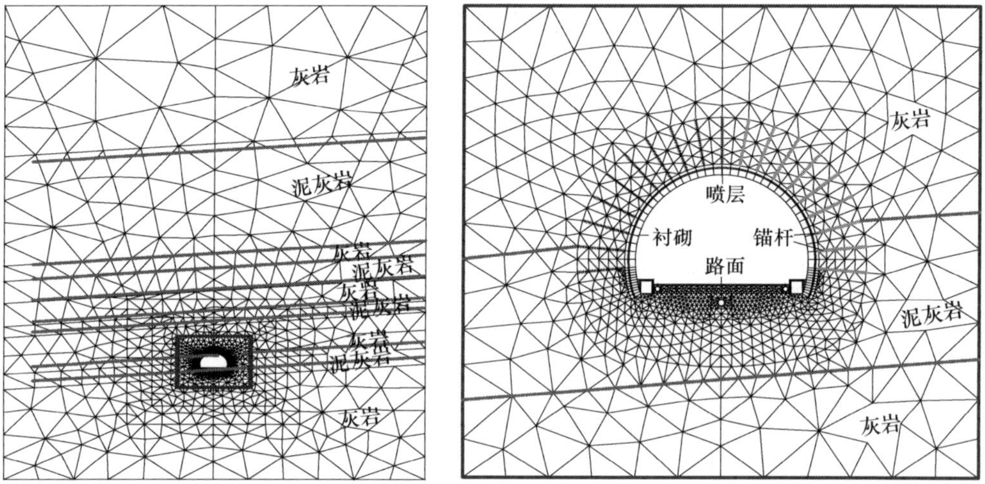

图 4.1　ZK34+721 断面有限元模型及其细部详图

反演计算结果与实测数据如表 4.10 所示，隧道断面衬砌及路面结构变形如图 4.2 所示，反演分析得到的破坏形态与实际破坏形态基本一致。

表 4.10　ZK34+721 断面衬砌和路面结构变形汇总表

位置		模拟变形/mm		实测数据/mm	备注
		X 方向	*Y* 方向		
拱顶		–2.54	31.94	—	—
拱肩	左	–2.40	31.46	—	—
	右	–2.40	32.42	—	—

续表

位置		模拟变形/mm		实测数据/mm	备注
		X 方向	*Y* 方向		
边墙	左	−68.10	10.44	—	—
	右	64.94	6.20	79.8	水平位移
拱脚	左	−9.48	14.70	—	—
	右	8.98	10.26	—	—
路面中点		2.45	48.12	38.7	路面隆起

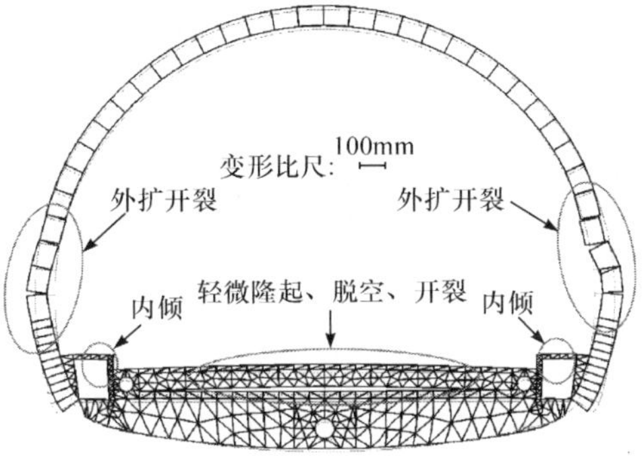

图 4.2　ZK34+721 断面衬砌及路面结构变形

根据反演分析计算结果，杜公岭隧道隧顶为灰岩、洞身与隧底为泥灰岩时，隧道病害发生时作用在隧道衬砌结构上的外荷载分布情况如图 4.3 所示。

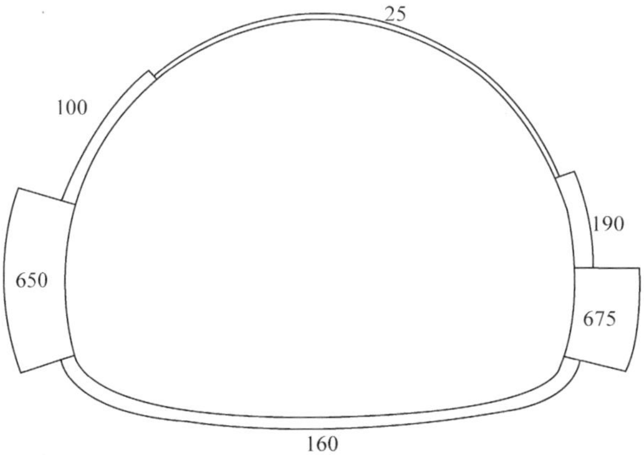

图 4.3　ZK34+721 断面隧道衬砌结构外荷载示意图(单位：kPa)

(2) 隧顶、洞身、隧底均为泥灰岩地层(ZK35+045 断面)。

ZK35+045 断面有限元模型及其细部详图如图 4.4 所示。

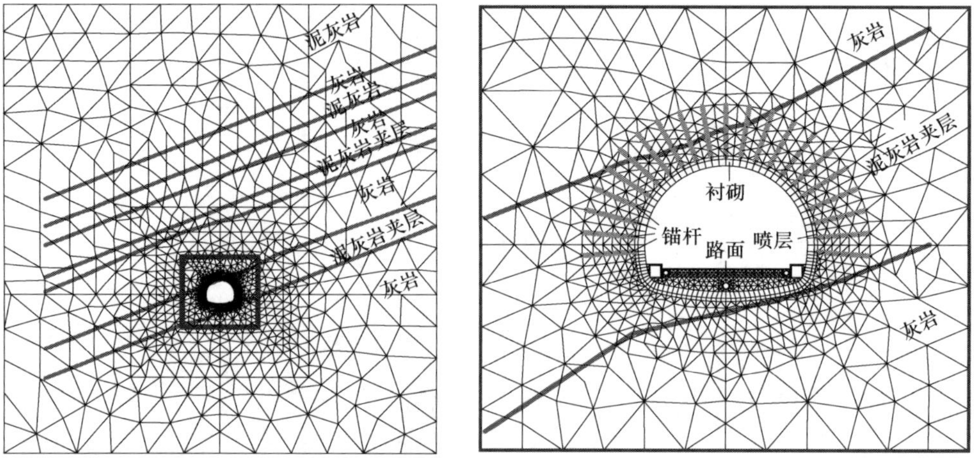

图 4.4　ZK35+045 断面有限元模型及其细部详图

隧道衬砌结构破坏时衬砌和路面结构变形情况如表 4.11 和图 4.5 所示，反演分析得到的破坏形态与实际破坏形态基本一致。

表 4.11　ZK35+045 断面衬砌和路面结构变形汇总表

位置		模拟变形/mm		实测数据/mm
		X 方向	*Y* 方向	
拱顶		–19.82	–6.46	2
拱肩	左	31.23	–10.52	—
	右	–46.84	10.15	–60
边墙	左	41.41	30.52	14
	右	–72.03	69.85	–27
拱脚	左	0.63	44.37	—
	右	–40.58	58.29	—
拱底		–21.32	121.69	—
路面中点		–21.39	138.02	131.3

根据反演计算结果，杜公岭隧道隧顶、洞身、隧底均为泥灰岩时，

隧道病害发生时作用在隧道衬砌支护结构的外荷载分布如图 4.6 所示。

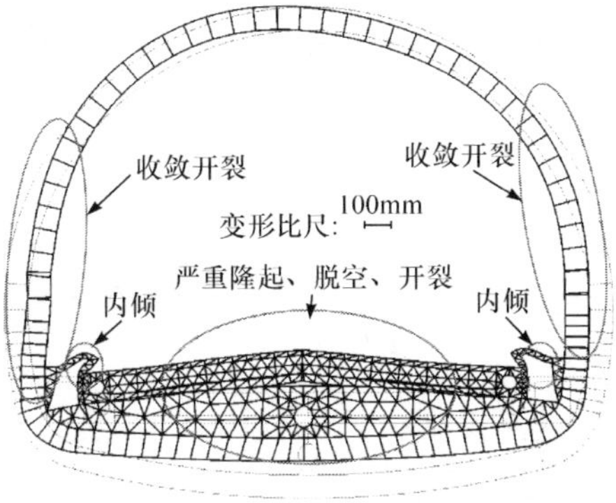

图 4.5　ZK35+045 断面衬砌及路面结构变形

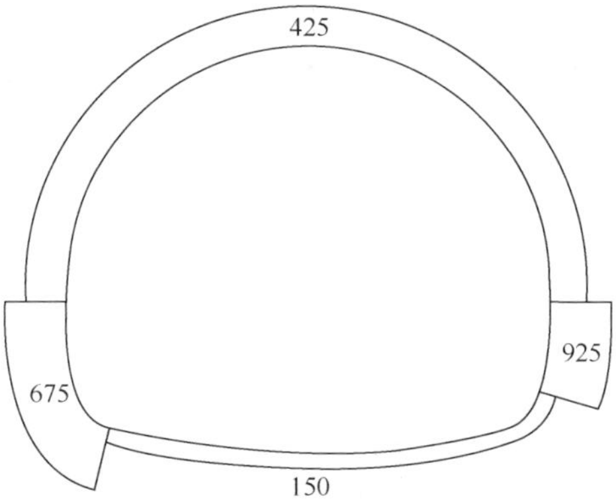

图 4.6　ZK35+045 断面隧道衬砌支护结构外荷载示意图(单位：kPa)

2. 处治方案比选

利用反演得到的隧道病害荷载对不同的隧道病害处治方案进行了比选。两种地层条件下比选处治方案如表 4.12 所示，计算参数如表 4.13 和表 4.14 所示。

表 4.12　杜公岭隧道计算工况

序号	地层条件	处治方案
1	隧道周边全部为泥灰岩(A 类)	单换二次衬砌
2		二次衬砌嵌拱
3		二次衬砌、初期支护置换

续表

序号	地层条件	处治方案
4	拱顶以上部位为灰岩、拱顶以下部位为泥灰岩(B 类)	单换二次衬砌
5		二次衬砌嵌拱
6		二次衬砌、初期支护置换

表 4.13　初期支护结构计算参数

材料	弹性模量/GPa	容重/(kN/m^3)	厚度/m	泊松比
初期支护	34.8	24.1	0.28	0.2

表 4.14　二次衬砌结构计算参数

处治方案	材料	部位	弹性模量/GPa	泊松比	容重/(kN/m^3)	厚度/m
单换二次衬砌	钢筋混凝土 C35	拱墙、仰拱	31.5	0.2	25	0.45
二次衬砌、初期支护置换	钢筋混凝土 C35	拱墙、仰拱	31.5	0.2	25	0.50
二次衬砌嵌拱	素混凝土 C25	拱墙、仰拱	30.2	0.2	23.2	0.40

方案比选以隧道关键部位的安全系数、内力极值点及裂缝宽度作为评判指标，其中隧道关键部位如图 4.7 所示。

1) 隧顶、洞身、隧底均为泥灰岩(A 类)

(1) 单换二次衬砌方案。

衬砌结构的极值点内力及安全性指标计算结果如表 4.15 所示。从表中可以看出，衬砌结构的安全性不符合规范要求。其中衬砌结构弯矩最大处的安全系数为 1.57，裂缝宽度为 1.21mm，位于左墙脚处，是衬砌结构安全性最低的部位；轴力最大处(左墙脚)和轴力最小处(左拱脚)

的安全系数分别为 1.78、1.89，裂缝宽度分别为 0.99mm、1.00mm，均不能满足规范标准。

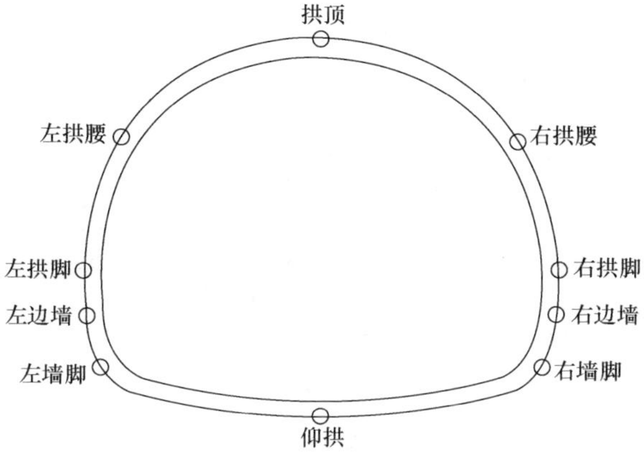

图 4.7　隧道关键部位示意图

表 4.15　极值点内力及安全性指标计算结果(单换二次衬砌方案，A 类)

极值点	轴力/kN	弯矩/(kN · m)	安全系数	裂缝宽度/mm	受力状态	评价
轴力最大	−1807.7	−741.5	1.78	0.99	大偏心	不安全
轴力最小	−1266.6	681.7	1.89	1.00	大偏心	不安全
弯矩最大	−1790.0	−827.0	1.57	1.21	大偏心	不安全
弯矩最小	−1674.8	3.9	9.01	—	小偏心	安全

注：—表示无需验算。

二次衬砌各关键位置的内力及安全性指标计算结果如表 4.16 所示。从表中可以看出，二次衬砌左拱脚、左墙脚的安全系数分别为 1.79、1.78，其他部位安全系数均大于 2.0；左拱脚、左边墙、左墙脚、右墙脚处的裂缝宽度为 0.41～1.10mm，其他部位裂缝宽度均小于 0.2mm。其中，左拱脚和左墙脚处的安全系数和裂缝宽度均不满足规范标准，左边墙和右墙脚处的裂缝宽度不能满足规范标准。因此，左拱脚、左墙脚、左边墙和右墙脚处的安全性不能满足规范要求。

表 4.16　关键位置内力及安全性指标计算结果(单换二次衬砌方案，A 类)

部位	轴力/kN	弯矩/(kN · m)	安全系数	裂缝宽度/mm	受力状态	评价
拱顶	−1338.0	27.6	10.35	—	小偏心	安全
左拱腰	−1401.8	−223.3	6.09	—	小偏心	安全
右拱腰	−1383.9	−70.3	8.81	—	小偏心	安全
左拱脚	−1269.6	717.9	1.79	1.10	大偏心	不安全
右拱脚	−1355.3	329.2	4.29	—	大偏心	安全
左边墙	−1331.8	453.6	2.97	0.41	大偏心	不安全
右边墙	−1362.3	255.8	5.63	—	大偏心	安全
左墙脚	−1807.7	−741.5	1.78	0.99	大偏心	不安全
右墙脚	−1748.7	−541.1	2.53	0.52	小偏心	不安全
仰拱	−1668.1	182.4	5.94	—	小偏心	安全

注：—表示无需验算。

(2) 二次衬砌嵌拱方案。

衬砌结构的极值点内力及安全性指标计算结果如表 4.17 所示。从表中可以看出，衬砌结构的安全性不符合规范要求。其中衬砌结构弯矩最大处的安全系数为 0.14，位于左墙脚处，是衬砌结构安全性最低的部位；轴力最大处(左墙脚)和轴力最小处(左拱脚)的安全系数分别为 0.15、0.19，均不能满足规范标准。

表 4.17　极值点内力及安全性指标计算结果(二次衬砌嵌拱方案，A 类)

极值点	轴力/kN	弯矩/(kN · m)	安全系数	破坏形态	评价
轴力最大	−1867.6	−726.9	0.15	抗拉	不安全
轴力最小	−1384.8	593.5	0.19	抗拉	不安全
弯矩最大	−1823.6	−780.0	0.14	抗拉	不安全
弯矩最小	−1467.2	1.2	5.19	抗压	安全

二次衬砌各关键位置的内力及安全性指标计算结果如表 4.18 所示。从表中可以看出，二次衬砌左拱腰、左拱脚、右拱脚、左边墙、右边墙、

左墙脚、右墙脚、仰拱处的安全性不能满足规范要求。其中左拱腰、左拱脚、右拱脚、左边墙、右边墙、左墙脚、右墙脚、仰拱的安全系数为0.15～1.09，其他部位安全系数为4.82～5.25。

表 4.18　关键位置内力及安全性指标计算结果(二次衬砌嵌拱方案，A 类)

部位	轴力/kN	弯矩/(kN · m)	安全系数	破坏形态	评价
拱顶	–1454.2	28.0	5.25	抗压	安全
左拱腰	–1517.7	–242.4	0.66	抗拉	不安全
右拱腰	–1491.7	–63.5	4.82	抗压	安全
左拱脚	–1385.6	633.6	0.17	抗拉	不安全
右拱脚	–1468.2	259.5	0.58	抗拉	不安全
左边墙	–1440.0	397.7	0.31	抗拉	不安全
右边墙	–1469.9	201.1	0.91	抗拉	不安全
左墙脚	–1867.6	–726.9	0.15	抗拉	不安全
右墙脚	–1802.4	–492.2	0.25	抗拉	不安全
仰拱	–1697.2	198.4	1.09	抗拉	不安全

(3) 二次衬砌、初期支护置换方案。

衬砌结构的极值点内力及安全性指标计算结果如表 4.19 所示。从表中可以看出，衬砌结构安全性符合规范要求。其中衬砌结构弯矩最大处的安全系数最小，为 2.44；轴力最小处的裂缝宽度最大，为 0.14mm，极值点的安全系数和裂缝宽度均满足规范标准。

表 4.19　极值点内力及安全性指标计算结果(二次衬砌、初期支护置换方案，A 类)

极值点	轴力/kN	弯矩/(kN · m)	安全系数	裂缝宽度/mm	受力状态	评价
轴力最大	–4649.4	1128.6	2.44	—	大偏心	安全
轴力最小	–150.9	–553.8	4.32	0.14	大偏心	安全
弯矩最大	–4649.4	1128.6	2.44	—	大偏心	安全
弯矩最小	–1714.8	4.2	15.30	—	小偏心	安全

注：—表示无需验算。

二次衬砌各关键位置的内力及安全性指标计算结果如表4.20所示。从表中可以看出，二次衬砌各关键部位的安全系数为 2.44～18.02，裂缝宽度为 0.08～0.17mm，均满足规范标准，各关键部位的安全性符合规范要求。

表 4.20　关键位置内力及安全性指标计算结果(二次衬砌、初期支护置换方案，A 类)

部位	轴力/kN	弯矩/(kN · m)	安全系数	裂缝宽度/mm	受力状态	评价
拱顶	–818.4	5.7	18.02	—	小偏心	安全
左拱腰	–1159.2	72.5	10.06	—	小偏心	安全
右拱腰	–1006.2	63.6	11.56	—	小偏心	安全
左拱脚	489.1	–485.0	2.62	0.16	大偏心	安全
右拱脚	–195.0	–207.1	6.13	0.17	大偏心	安全
左边墙	–219.1	–153.9	8.26	0.12	大偏心	安全
右边墙	–151.6	–282.6	4.53	0.08	大偏心	安全
左墙脚	–2377.0	578.2	2.44	—	大偏心	安全
右墙脚	–1876.7	315.2	4.44	—	小偏心	安全
仰拱	–782.8	–109.8	11.51	—	小偏心	安全

注：—表示无需验算。

2) 隧顶为灰岩，洞身、隧底为泥灰岩(B 类)

(1) 单换二次衬砌方案。

衬砌结构的极值点内力及安全性指标计算结果如表 4.21 所示。从表中可以看出，衬砌结构的安全性不符合规范要求。其中衬砌结构弯矩最大处的安全系数为 1.44，裂缝宽度为 1.23mm，位于右墙脚处，是衬砌结构安全性最低的部位；轴力最大处(右墙脚)的安全系数为 1.47，裂缝宽度为 1.17mm，同样不能满足规范标准。

表 4.21　极值点内力及安全性指标计算结果(单换二次衬砌方案，B 类)

极值点	轴力/kN	弯矩/(kN · m)	安全系数	裂缝宽度/mm	受力状态	评价
轴力最大	−2833.1	−922.1	1.47	1.17	大偏心	不安全
轴力最小	−2389.0	−52.4	5.76	—	小偏心	安全
弯矩最大	−2705.1	−937.0	1.44	1.23	大偏心	不安全
弯矩最小	−2409.5	−2.4	6.30	—	小偏心	安全

注：—表示无需验算。

二次衬砌各关键位置的内力及安全性指标计算结果如表 4.22 所示。从表中可以看出，二次衬砌右墙脚的安全性不满足规范要求。其中二次衬砌右墙脚的安全系数为 1.44，裂缝宽度为 1.38mm，均不满足规范标准；其他部位安全系数为 2.34～5.97，并且没有裂缝产生。

表 4.22　关键位置内力及安全性指标计算结果(单换二次衬砌方案，B 类)

部位	轴力/kN	弯矩/(kN · m)	安全系数	裂缝宽度/mm	受力状态	评价
拱顶	−2389.9	−68.1	5.59	—	小偏心	安全
左拱腰	−2407.2	−32.4	5.97	—	小偏心	安全
右拱腰	−2395.5	68.8	5.57	—	小偏心	安全
左拱脚	−2407.7	153.4	4.75	—	小偏心	安全
右拱脚	−2393.1	296.3	3.84	—	小偏心	安全
左边墙	−2429.5	154.4	4.71	—	小偏心	安全
右边墙	−2428.6	−10.9	6.20	—	小偏心	安全
左墙脚	−2719.0	−598.2	2.34	—	大偏心	安全
右墙脚	−2833.1	−922.1	1.44	1.38	大偏心	不安全
仰拱	−2509.1	202.4	4.27	—	小偏心	安全

注：—表示无需验算。

(2) 二次衬砌嵌拱方案。

衬砌结构的极值点内力及安全性指标计算结果如表 4.23 所示。从表中可以看出，衬砌结构的安全性不符合规范要求。其中衬砌结构弯矩最大处的安全系数为 0.14，位于右墙脚处，是衬砌结构安全性最低的部位；轴力最小处(拱顶)的安全系数为 0.52，不能满足规范标准。

表 4.23　极值点内力及安全性指标计算结果(二次衬砌嵌拱方案，B 类)

极值点	单元	轴力/kN	弯矩/(kN · m)	安全系数	破坏形态	评价
轴力最大	611	−2789.5	−831.2	0.14	抗拉	不安全
轴力最小	581	−2374.7	339.1	0.52	抗拉	不安全
弯矩最大	612	−2673.7	−854.1	0.14	抗拉	不安全
弯矩最小	598	−2401.8	−1.8	3.17	抗压	安全

二次衬砌各关键位置的内力及安全性指标计算结果如表 4.24 所示。从表中可以看出，二次衬砌右拱脚、左墙脚、右墙脚的安全性不能满足规范要求。其中二次衬砌右拱脚、左墙脚、右墙脚的安全系数为 0.14～0.50，其他部位安全系数为 2.54～3.18。

表 4.24　关键位置内力及安全性指标计算结果(二次衬砌嵌拱方案，B 类)

部位	轴力/kN	弯矩/(kN · m)	安全系数	破坏形态	评价
拱顶	−2403.4	−91.9	3.04	抗压	安全
左拱腰	−2408.2	−22.6	3.18	抗压	安全
右拱腰	−2398.6	64.6	3.14	抗压	安全
左拱脚	−2398.1	169.1	2.56	抗压	安全
右拱脚	−2377.0	343.3	0.50	抗拉	不安全
左边墙	−2415.5	170.6	2.54	抗压	安全
右边墙	−2406.6	50.5	3.16	抗压	安全
左墙脚	−2669.8	−506.4	0.28	抗拉	不安全
右墙脚	−2789.5	−831.2	0.14	抗拉	不安全
仰拱	−2479.0	135.9	2.74	抗压	安全

(3) 二次衬砌、初期支护置换方案。

衬砌结构的极值点内力及安全性指标计算结果如表 4.25 所示。从表中可以看出，衬砌结构安全性符合规范要求。其中衬砌结构弯矩最大处的安全系数最小，为 2.23，极值点均无裂缝产生，极值点的安全系数和裂缝宽度均满足规范标准。

表 4.25 极值点内力及安全性指标计算结果(二次衬砌、初期支护置换方案，B 类)

极值点	轴力/kN	弯矩/(kN · m)	安全系数	裂缝宽度/mm	受力状态	评价
轴力最大	−3207.6	−629.4	2.28	—	大偏心	安全
轴力最小	−1023.5	194.2	7.41	—	大偏心	安全
弯矩最大	−2961.8	−639.6	2.23	—	大偏心	安全
弯矩最小	−1553.0	0	9.82	—	小偏心	安全

注：—表示无需验算。

二次衬砌各关键位置的内力及安全性指标计算结果如表 4.26 所示。从表中可以看出，二次衬砌各关键部位的安全系数为 2.28～10.90，且均无裂缝产生，各关键部位的安全系数和裂缝宽度均满足规范标准，各关键部位的安全性符合规范要求。

表 4.26 关键位置内力及安全性指标计算结果(二次衬砌、初期支护置换方案，B 类)

部位	轴力/kN	弯矩/(kN · m)	安全系数	裂缝宽度/mm	受力状态	评价
拱顶	−1618.8	−29.6	8.64	—	小偏心	安全
左拱腰	−1625.7	−28.0	8.65	—	小偏心	安全
右拱腰	−1472.6	37.7	9.20	—	小偏心	安全
左拱脚	−1273.0	103.1	8.56	—	小偏心	安全
右拱脚	−1075.0	199.6	7.22	—	大偏心	安全
左边墙	−1362.3	109.0	8.03	—	小偏心	安全
右边墙	−1361.4	7.8	10.90	—	小偏心	安全
左墙脚	−2684.0	−375.9	3.36	—	小偏心	安全

续表

部位	轴力/kN	弯矩/(kN · m)	安全系数	裂缝宽度/mm	受力状态	评价
右墙脚	–3207.6	–629.4	2.28	—	大偏心	安全
仰拱	–1184.1	148.9	7.95	—	小偏心	安全

注：—表示无需验算。

3) 处治方案安全性对比分析

杜公岭隧道典型地层条件下采用不同病害处治方案时衬砌结构的安全性指标计算结果汇总如表 4.27 和表 4.28 所示。

表 4.27　极值点安全系数与裂缝宽度计算结果汇总

地层	处治方案	安全系数		裂缝宽度/mm		评估
A 类	单换二次衬砌	1.57	左墙脚	1.21	左墙脚	不安全
	二次衬砌嵌拱	0.14	左墙脚	—	—	不安全
	二次衬砌、初期支护置换	2.44	—	0.14	—	安全
B 类	单换二次衬砌	1.44	右墙脚	1.23	右墙脚	不安全
	二次衬砌嵌拱	0.14	右墙脚	—	—	不安全
	二次衬砌、初期支护置换	2.23	—	—	—	安全

注：安全系数指结构构件极值点的安全系数最小值；裂缝宽度指结构构件极值点的裂缝宽度最大值。

表 4.28　关键位置安全性汇总

地层	处治方案	拱顶	左拱腰	右拱腰	左拱脚	右拱脚	左边墙	右边墙	左墙脚	右墙脚	仰拱
A 类	单换二次衬砌	√	√	√	×	√	×	√	×	×	√
	二次衬砌嵌拱	√	×	√	×	×	×	×	×	×	×

续表

地层	处治方案	拱顶	左拱腰	右拱腰	左拱脚	右拱脚	左边墙	右边墙	左墙脚	右墙脚	仰拱
A 类	二次衬砌、初期支护置换	√	√	√	√	√	√	√	√	√	√
B 类	单换二次衬砌	√	√	√	√	√	√	√	√	×	√
	二次衬砌嵌拱	√	√	√	√	×	√	√	×	×	√
	二次衬砌、初期支护置换	√	√	√	√	√	√	√	√	√	√

注：√代表安全，×代表不安全。

因此，根据计算结果可得出如下结论：

(1) 采用单换二次衬砌方案时，处治后的隧道二次衬砌(50cm 厚 C35 钢混凝土)结构内力极值位置及关键部(拱脚、边墙)的安全系数较小，裂缝宽度较大，不能满足安全需要和规范要求。

(2) 采用二次衬砌嵌拱方案时，嵌拱处治后的隧道二次衬砌(40cm 厚 C25 素混凝土)将承载所有荷载，其隧道衬砌结构内力极值位置及关键部位(拱脚、边墙、拱腰等)的安全系数较小，不能满足安全需要和规范要求。

(3) 采用二次衬砌、初期支护置换方案时，由新施作二次衬砌和初期支护共同承载所有荷载，隧道关键部位和内力极值位置的安全系数和裂缝宽度均能满足安全需要和规范要求。

综上所述，在考虑隧道初期支护混凝土结构被碳硫硅钙石侵蚀而失去承载能力时，杜公岭隧道病害处治方案应采用二次衬砌、初期支护置换方案。其中，初期支护置换采用 I20a 型钢，纵向间距 0.6m，C30 喷射混凝土厚 28cm；二次衬砌置换采用 50cm 厚 C35 钢筋混凝土。隧道病害处治方案如图 4.8 所示。

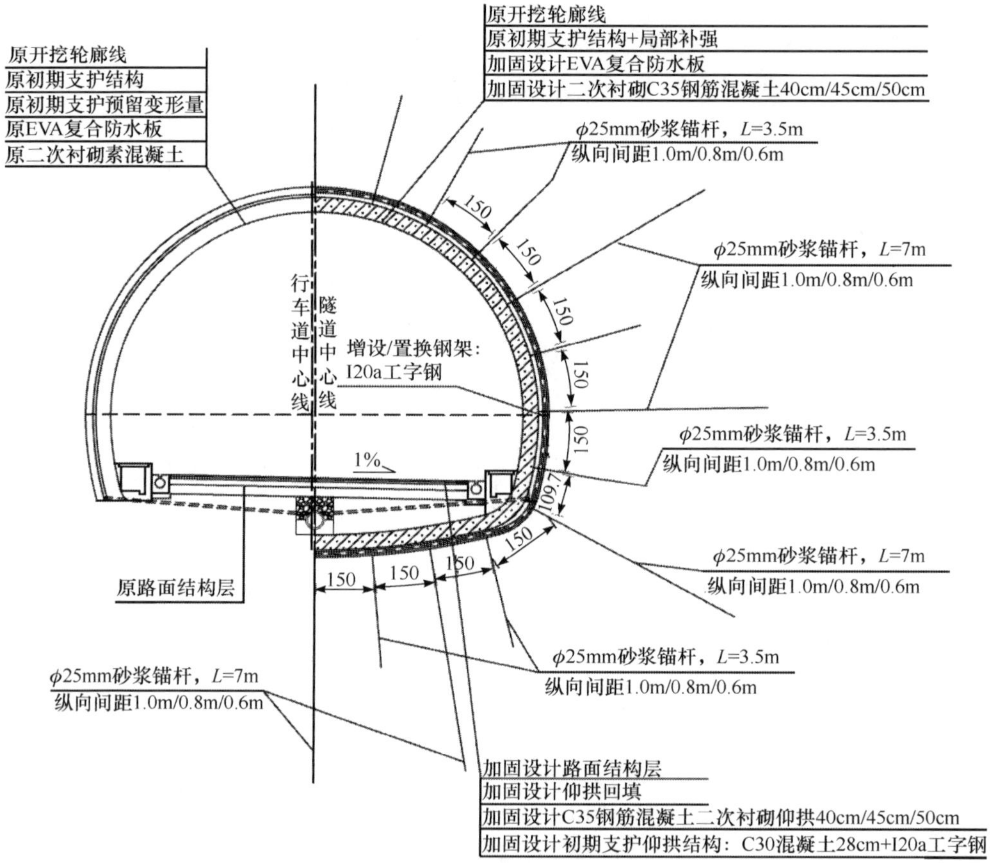

图 4.8　隧道病害处治方案(单位：mm)

4.5.2　隧道地下水处治设计

隧道防排水体系处治设计以恢复、提升隧道衬砌结构原有防排水系统的功能为主，重点对地表矿坑、断层破碎带及隧道围岩进行了地下水处治设计。

1) 地表矿坑回填设计

对杜公岭隧道区域 126 处废弃矿坑进行回填处治(图 4.9)，主要处治方案如下：

(1) 回填方案。当矿坑深度小于 3.5m 时，底部 3.0m 采用碎石土分层回填夯实，上部 0.5m 采用黏土分层夯实；当矿坑深度大于 3.5m 时，3.5m 以下部位采用 M7.5 片石回填，中间 3.0m 采用碎石土分层回填夯实，上部 0.5m 采用黏土分层夯实。且需对大型矿坑做好施工组织，保障矿坑底部回填密实，防止矿坑二次塌陷。

(2) 碎石土、黏土回填应分层回填夯实。分层厚度不得大于 50cm，黏土层平面回填范围应向坑口周边边坡方向延伸 0.3m。回填后地表应与周边平顺连接，山坡位置的矿坑回填后不得出现凹型，山顶或地势平坦处的矿坑回填后不得出现凹陷地表，宜稍高于周边 10cm；对于处于凹槽地形的矿坑，在回填完成后需做好排水工作，保证回填部位不得出现积水。

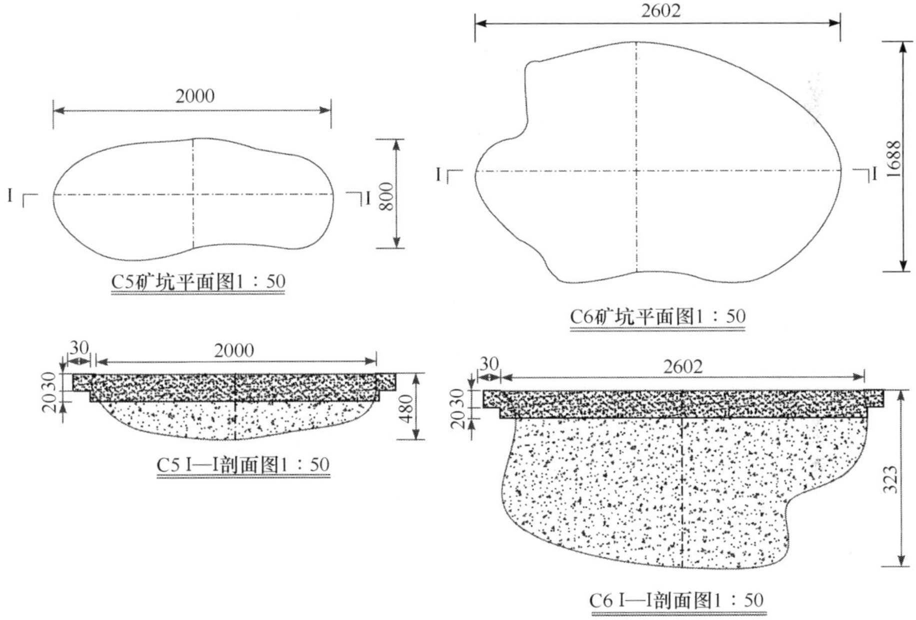

图 4.9　杜公岭隧道地表矿坑设计图(单位：cm)

(3) 矿坑回填前需对坑口边坡表土进行清理，防止因边坡不稳而导致人、机陷入；同时，对矿坑内的树木、杂草等杂物进行清除。

2) 围岩夹碎石土破碎带及断层破碎段处治

对围岩夹碎石土破碎带及断层破碎段采用注浆处治(图 4.10)，主要注浆参数如下。

注浆范围：隧道外侧围岩注浆厚度不小于 3.5m。

注浆小导管：直径 42mm，管长 5.0m。

注浆管间距：环向间距 2.0m，纵向间距 1.0m。

注浆浆液类型：水泥浆液及水泥水玻璃浆液。

3) 隧道底部岩溶处治

对隧道底部岩溶段采用注浆处治(图 4.11)，主要注浆参数如下。

注浆范围：隧道拱底以下注浆厚度不小于 3.5m。

注浆小导管： 直径 42mm，管长 5.0m。

注浆管间距：环向间距 1.5m，纵向间距 1.0m。

注浆浆液类型：水泥浆液及水泥水玻璃浆液。

由于隧道围岩中溶槽、溶孔发育，内部孔隙常相互串联，为防止注浆过程中漏浆、跑浆现象，在注浆施工初始阶段，为控制好注浆边界，应采用以控制注浆浆液凝固时间为主，在保障有效注浆边界后注浆以压浆为主。

4) 地下水降水井设计

为防止隧道地下水在隧道周边汇集，在病害发育期间对隧道病害区段进行了泄水井作业。在杜公岭隧道边墙侧布设斜向降水孔，共布设了

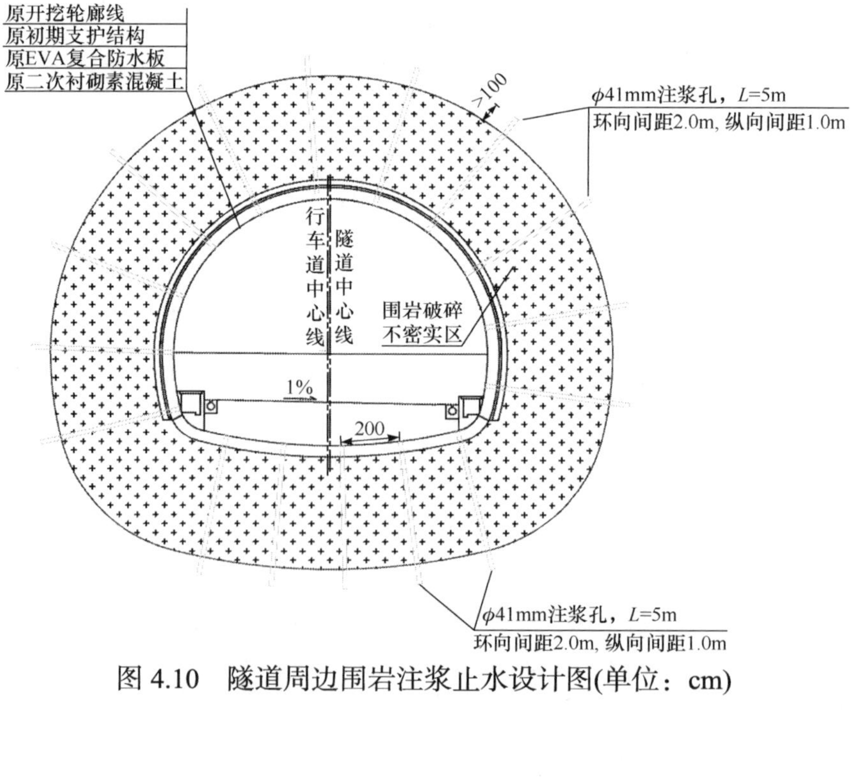

图 4.10　隧道周边围岩注浆止水设计图(单位：cm)

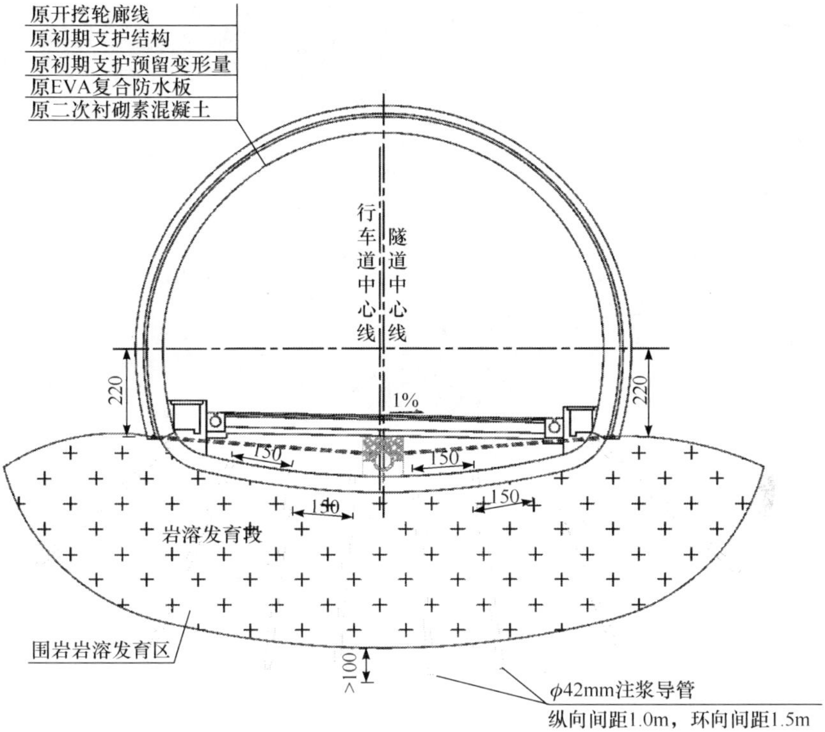

图 4.11　隧道岩溶发育段注浆止水设计图(单位：cm)

150 个；隧道路面两侧布设降水竖井，共布设了 203 个。布设方案及现场作业如图 4.12 和图 4.13 所示。

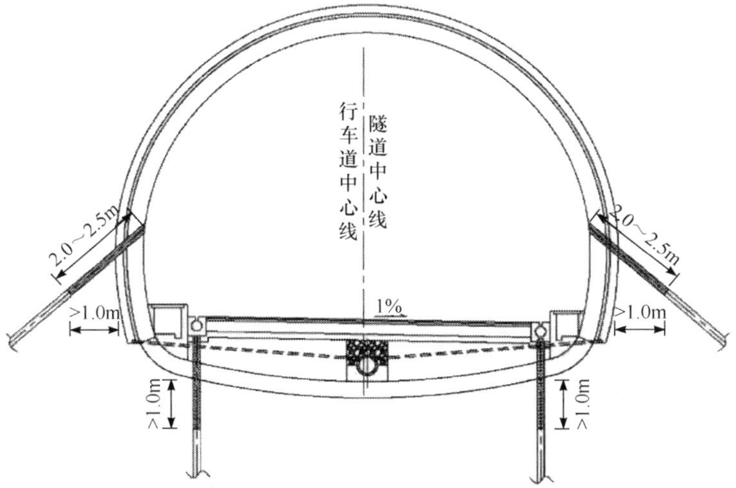

图 4.12　隧道降水井设计图

图 4.13　隧道降水井施工照片

4.5.3　隧道围岩(岩体)处治设计

杜公岭隧道围岩(岩体)处治设计主要提升隧道围岩自身的承载能力，分担隧道衬砌支护结构的荷载，处治设计措施一般有两种方式：一是围岩注浆加固(同 4.5.2 节)，二是锚杆加固。杜公岭隧道围岩锚杆加固包括两种方案。

1) 一般断面锚杆加固

拱部与边墙：采用长锚杆和短锚杆相结合的方式，其中短锚杆为长 3.5m 的ϕ25mm 药卷锚杆，长锚杆为长 7m 的ϕ25mm 自进式中空注浆锚杆；每断面共计布设 15 根锚杆(4 根 7m、11 根 3.5m)，其中长锚杆布设在拱肩和拱腰部位；锚杆环向间距 1.5m，纵向间距 0.6m。

仰拱：采用长锚杆和短锚杆交替布设方式，其中短锚杆为长 3.5m 的ϕ25mm 药卷锚杆，长锚杆为长 7m 的ϕ25mm 自进式中空注浆锚杆；每断面共计布设 9 根锚杆(5 根 7m、4 根 3.5m)；锚杆环向间距 1.5m，纵向间距 0.6m。

2) 紧急停车带断面锚杆加固

拱部与边墙：采用长锚杆和短锚杆相结合的方式，其中短锚杆为长 3.5m 的ϕ25mm 药卷锚杆，长锚杆为长 7m 的ϕ25mm 自进式中空注浆锚杆；每断面共计布设 19 根锚杆(6 根 7m、13 根 3.5m)，其中长锚杆布设在拱肩、拱腰及拱脚部位；锚杆环向间距 1.5m，纵向间距 0.5m。

仰拱：采用长锚杆和短锚杆交替布设方式，其中短锚杆为长 3.5m 的ϕ25mm 药卷锚杆，长锚杆为长 7m 的ϕ25mm 自进式中空注浆锚杆；每断面共计布设 9 根锚杆(5 根 7m、4 根 3.5m)；锚杆环向间距 1.5m，纵向间距 0.5cm。

4.5.4 隧道混凝土抗硫酸盐侵蚀设计

地下水环境、硫酸根离子、碳酸根离子是引发杜公岭隧道衬砌结构发生腐蚀的主要因素，对硫酸盐侵蚀的抗腐蚀设计采用“阻断CO_3^{2-}，提高混凝土结构抗渗性，减缓外部离子(SO_4^{2-}、CO_3^{2-})和地下水入渗”为主要措施。杜公岭隧道病害处治措施主要有以下几个：

(1) 隧道初期支护混凝土中的水泥、粗骨料、细骨料及外添加剂均不得含有或生成石灰岩类物质；混凝土掺合料(含防腐剂、减水剂等外加剂和粉煤灰等外添材料)不得含有或生成碳酸根离子和硫酸根离子的物质。

(2) 隧道衬砌混凝土应通过优化配合比与施工工艺，提高隧道混凝土结构的密实性和抗渗等级。其中，初期支护混凝土不得出现裂缝、孔洞，其抗渗等级不得小于 P6，宜大于 P8；二次衬砌混凝土不得出现孔洞、麻面、露筋等现象，严禁隧道二次衬砌与初期支护间出现空洞、空隙等，隧道二次衬砌浇筑混凝土抗渗等级不得小于 P8。

(3) 隧道防水板的铺设采用全包方式，防水板焊接密实，横向排水管穿透防水板的位置不得出现积水、渗漏、串流；仰拱底部不得出现积水。

(4) 隧道初期支护混凝土应与围岩密贴，衬砌背后不得存在空洞，若出现空洞或破碎段落，应予以回填、注浆密实，且禁止隧道衬砌背后出现积水。

此外，要求施工中应注意加强工程用材规范，禁止石灰岩类与石膏类碎石杂物混入混凝土原料或衬砌结构中；隧道处治施工完成和运营后，应加强日常的养护工作，并应定期进行专项检查，及时掌握隧道结构状况，确保运营安全。

4.5.5　工程应用效果

在杜公岭隧道处治施工结束后，对隧道初期支护钢架应力、初期支护-围岩接触压力、二次衬砌结构接触压力等数据进行了跟踪量测，各项量测结果如下。

1) 初期支护钢架应力

隧道各断面初期支护钢架应力在运营阶段均较稳定，这里仅以ZK35+031 断面和 ZK35+093 断面为例进行说明，其钢架应力时程曲线如图 4.14 和图 4.15 所示。

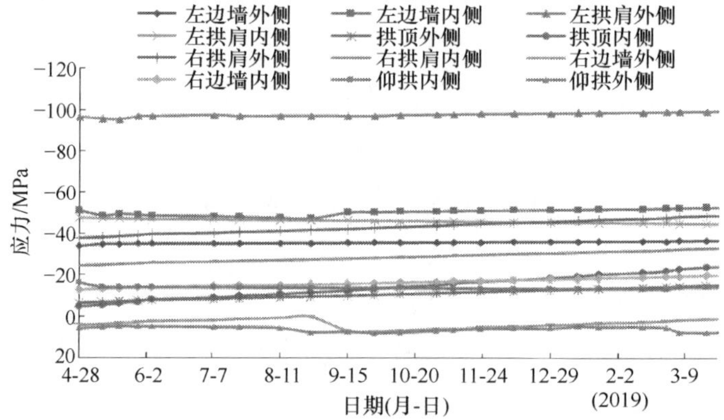

图 4.14　ZK35+031 断面钢架应力时程曲线

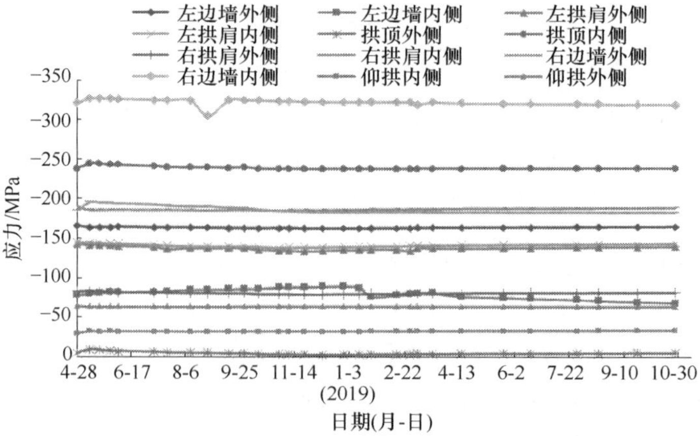

图 4.15　ZK35+093 断面钢架应力时程曲线

2) 初期支护-围岩接触压力

各典型断面初期支护-围岩接触压力如图 4.16 所示。从图中可以看出：

(1) YK34+890 右拱肩和 ZK35+093 拱顶测点初期支护-围岩接触压力呈现先降低后缓慢增大直至稳定的规律，稳定后的接触压力与前期出现过的接触压力最大值较接近。

(2) ZK35+182 左边墙测点初期支护-围岩接触压力随时间仍在不断增大，约在(2019 年)4 月后趋于稳定，稳定后的接触压力约为 0.483MPa。

(3) 其他测点初期支护-围岩接触压力已基本处于稳定状态，仅在(2018 年)10 月～(2019 年)1 月升高，之后恢复至前期稳定值。

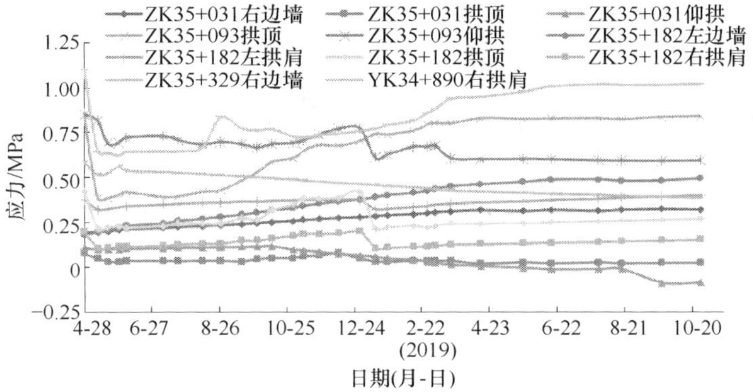

图 4.16　各典型断面初期支护-围岩接触压力

第 5 章　隧道衬砌结构爆破拆换施工安全控制

隧道病害处治工程中，支护结构拆除作业是施工过程中作业风险最高、难度最大的环节。隧道既有衬砌拆除时，会因卸载作用，改变原有的地层与隧道结构的应力平衡状态，对围岩产生二次扰动，导致邻近结构受力增加，从而影响施工安全及结构稳定。因此，衬砌拆除施工时需要了解隧道衬砌拆换与隧道新建施工的差别，明确隧道衬砌拆换过程中的主要风险，制定相应的施工安全控制措施。

5.1　隧道衬砌拆除的常用方法与施工风险

5.1.1　衬砌拆除的常用方法

用于衬砌拆除的主要方法有人工凿除、机械凿除、机械切割、机械胀力、控制爆破、静态爆破等，但是受到工程背景的差异性、工艺技术的可操作性等因素的影响，这些方法在工程应用中存在一定的局限性。合理选用衬砌拆除方法，是保障施工作业安全性、时效性、经济性的关键因素之一。

1. 人工凿除

人工凿除是指工人手持风镐破碎衬砌混凝土。

主要优点：施工振动影响很小，不会因风镐振动对周边衬砌和围岩产生明显损伤；衬砌拆除边界的可控程度高，不会导致衬砌边界的过度破坏。

主要缺点：人员作业环境恶劣、安全风险高，劳动密集，作业效率极低，对防护措施的要求很高，对拆除顺序要求严格，无法直接进行钢筋混凝土的边界解除。

2. 机械凿除

机械凿除主要是指液压破碎锤破除衬砌混凝土。

主要优点：施工振动影响较小，基本不会因破碎锤的振动对周边衬砌和围岩产生损伤；衬砌拆除边界的可控程度较高，一般不会导致衬砌拆除边界的过度破坏。

主要缺点：施工作业效率较低，对拆除顺序要求严格，无法直接进行钢筋混凝土的边界解除。

3. 机械切割

机械切割主要是指利用液压锯切割衬砌混凝土。

主要优点：施工振动影响极小，不会因切割振动对周边衬砌和围岩产生损伤；切割作业可将衬砌分成若干块体，利于解除钢筋混凝土衬砌的钢筋约束，拆除边界平整、可控。

主要缺点：衬砌切割后，需要采用其他措施完成混凝土的移除，且由于切割块体一般较大，需要进行二次破碎，以方便运输。目前，用于衬砌切割的机械设备尚不成熟，在隧道工程中大范围使用存在一定的局限性。

4. 机械胀力

机械胀力主要是指利用大型劈裂机进行混凝土破碎。

主要优点：施工振动影响较小，不会对周边衬砌和围岩产生损伤；衬砌拆除边界可控程度较高，不会导致较大的衬砌边界损伤。

主要缺点：施工作业效率较低，对拆除顺序要求严格，无法直接进行钢筋混凝土的边界解除；该类设备在隧道工程中的应用技术尚不成熟，使用环境存在一定的局限性。

5. 控制爆破

控制爆破主要是指采取钻爆法拆除混凝土衬砌时，采取适当的控制措施降低爆破振动影响。

主要优点：工艺技术成熟，施工效率高，经济成本低。

主要缺点：爆破振动影响大，衬砌拆除边界控制难度高，尤其是对于钢筋混凝土衬砌，其钻孔难度进一步提高，钢筋对爆破的牵制作用也更加明显。

6. 静态爆破

静态爆破主要是指采用静态爆破剂破碎衬砌混凝土。

主要优点：施工扰动小。

主要缺点：影响药剂反应时间及爆破效果的因素多，控制难度高，破除效率低，影响物流通道的利用率。

综合上述衬砌拆除方法的优缺点，为了实现隧道损伤衬砌的安全高效拆除，建议拆除方法的选择满足如下要求：

(1) 衬砌拆除应优先选用安全可靠、技术成熟的方法，尤其是相关机械设备的选取，应综合考虑设备的适用性，必要时进行专项设备研发。

(2) 不宜大范围选用人工凿除的方法，该方法仅用于个别部位的修整。

(3) 为了良好地控制衬砌拆除边界，应将待拆衬砌与非拆衬砌切割分离。

(4) 当需拆除连续长段落的衬砌时，宜选取爆破拆除方法，但应确保非拆衬砌与爆破作业面的距离大于爆破扰动的安全距离。

(5) 对于钢筋混凝土衬砌，在切割边界的同时，宜将待拆衬砌切割分块，采用机械凿除，也可进行控制爆破。

5.1.2 衬砌拆除的施工风险

1. 隧道衬砌拆换与新建工程的差别

隧道衬砌拆换工程所采取的施工技术、机械设备等主要是基于新建隧道的工程措施及其改进，但是隧道既有衬砌拆换施工不同于在原始地层中开挖隧道的新建工程，其主要差异有如下几方面：

(1) 地层应力场状态不同。新建隧道工程改变的是原始地层应力场，而衬砌拆换工程改变的是地层与隧道结构再次平衡之后的应力场。相对于原始地层应力场而言，在隧道工程长期服役过程中，地层与隧道结构平衡后的应力场受到围岩(软化、膨胀)、结构(腐蚀、开裂)等状态变化的影响，地层应力状态因不断调整而变得非常复杂。

(2) 施工工艺流程及标准不同。新建隧道的施工工艺流程主要包括超前加固、隧道开挖、围岩加固、初期支护、二次衬砌等，各工艺环节均有成熟的作业经验或相关规范标准的要求。而衬砌拆换工程会因隧道病害类别的不同，对施工工艺提出不同的技术需求，涉及临时支护、围岩加固、衬砌切割、衬砌拆除、结构恢复等，但并无成熟的技术体系。

(3) 扰动影响目标与范围不同。新建隧道在选线时，会避开既有隧道或与既有隧道保持合理的空间距离，处于施工期的隧道会通过控制施工步距，使衬砌结构不受施工扰动的影响，因此新建隧道工程的施工作业面影响范围内一般不会有既有衬砌结构，其扰动的目标主要是围岩和部分初期支护。衬砌拆换工程往往处在运营隧道中，衬砌拆换不仅扰动围岩，还会影响既有衬砌。

(4) 作业空间与物流组织不同。新建隧道的作业空间主要集中在掌子面附近，围岩加固、初期支护、二次衬砌都是紧跟掌子面流水作业，物流组织的运输通道一般不会因作业面数量众多而干扰严重，施工作业空间相对充裕。衬砌拆换工程的施工作业面遍布于隧道的各个病害段落，施工组织不仅受到施工作业面的影响，还受到原有电气化线路等配套设施的影响，物流组织干扰性强、难度大，且受既有结构的影响，施工作业面相对狭小。

(5) 工程设备选型不同。由于隧道新建与衬砌拆换的施工对象、施工工艺、工程环境、控制措施等不同，工程设备在满足不同需求时的技术指标存在差别。

2. 衬砌拆除施工的主要风险源

现有隧道既有衬砌的拆换主要沿用隧道新建工程技术方法，而又不同于隧道新建工程的背景和技术要求，在分析两者差异性的基础上，总结出隧道既有衬砌拆换工程面临的风险主要有以下几个：

(1) 既有隧道衬砌拆除方案风险。拆除范围设计不合理，单次拆除范围过大，无法保证剩余衬砌结构的整体稳定，从而容易导致未拆除部位的坍塌；拆除方法应用不恰当，拆除扰动对既有结构造成损伤，诱发隧道坍塌或影响结构的服役性能；工程措施辅助不到位，拆除边界未能提前分离、病害严重或受扰动强烈衬砌未能临时支护、过度损伤围岩未能二次加固，进而造成隧道非拆除作业区的结构损伤甚至失稳。

(2) 既有隧道衬砌结构质量风险。待拆除的既有隧道衬砌存在设计指标(如厚度、混凝土标号、是否含钢筋等)和结构病害类型(如腐蚀、开裂、空洞等)及程度的差异，其自身的承载性能和受扰动后的稳定性有所不同，尤其是设计指标低的严重病害衬砌，是重大的安全隐患，受到拆除扰动影响时极易发生掉块、坍塌。

(3) 隧道赋存环境工程地质风险。修建于一般地层中的隧道，经过长期的应力调整，围岩和衬砌达到平衡状态，隧道结构相对稳定。而膨胀岩、富水、软岩、腐蚀等特殊地层中修建的隧道，在运营期间会因荷载增加、抗力降低而导致结构毁伤，应力场持续变化。对这类病害隧道进行衬砌拆换处治时，围岩存在衬砌拆除卸载的失稳、坍塌风险。

5.2 衬砌爆破拆除振动控制标准与减振技术措施

5.2.1 衬砌爆破拆除振动控制标准

隧道病害处治工程不仅要完成劣损结构的修复、加强或拆换，还要保证处治施工时的隧道结构稳定和既有结构的正常服役性能。与此同时，病害处治的衬砌拆换往往存在于运营隧道中，对工程要求很高。为了确保隧道衬砌拆换施工的高效率，在既有衬砌拆除环节主要以爆破方式为主，但是爆破振动波可能会对介质产生损伤，因此当采用爆破方式对既有衬砌进行拆除时，需要根据工程需求严格控制爆破振动。

衬砌爆破拆除振动控制标准应满足：

(1) 洞壁岩体、待拆除衬砌的开裂、掉块可控。

(2) 非拆衬砌及背后无法加固的围岩、新做衬砌不受损伤。

1. 爆破振动控制标准的确定方法

当隧道既有衬砌采用爆破拆除时，应区分待拆除目标和非拆除目标的差别，分别确定围岩、既有混凝土结构、新筑(喷)混凝土结构的爆破振动安全控制标准。

国内外相关学者对爆破安全振动速度进行了大量研究，也有多个行业以规范、标准等形式对受控目标做出了限制。因此，本节综合考虑隧道工程的病害处治过程和长期服役性能，确定不同受控目标的安全振动速度。

1) 文献调研

对于病害隧道非拆换目标或非加固目标，必须保证其良好的长期稳定性能，严格控制爆破振动的影响。因此，隧道病害处治工程中的新施工衬砌、非拆除衬砌、非拆除衬砌背后围岩等的安全振动速度首先通过相关规范、标准和成熟研究成果的调研分析予以确定。

2) 理论计算

对于既有研究成果没有界定的受控目标安全振动速度，基于弹性力学波动理论计算受控目标的应力、应变、质点振动速度的相互关系，推算爆破安全振动速度。

根据弹性理论，有

$$\sigma=\frac{E(1-\mu)}{(1+\mu)(1-2\mu)}\varepsilon \tag{5-1}$$

根据波动理论，有

$$\varepsilon=\frac{V}{C_{\mathrm{p}}} \tag{5-2}$$

将式(5-2)代入式(5-1)，可得应力与质点振动速度的关系为

$$\sigma=\frac{E(1-\mu)}{(1+\mu)(1-2\mu)}\frac{V}{C_{\mathrm{p}}} \tag{5-3}$$

由此可得允许应变、应力条件下的安全振动速度：

$$[V]=C_{\mathrm{p}}[\varepsilon]=\frac{C_{\mathrm{p}}[\sigma_{\mathrm{t}}](1+\mu)(1-2\mu)}{E(1-\mu)} \tag{5-4}$$

式中，ε 为材料应变；σ 为应力波作用下材料中的应力；E 为材料弹性模量；C_{p} 为材料纵波速度；V 为材料峰值振动速度；$[V]$为材料极限安全振动速度；$[\varepsilon]$为材料极限应变；$[\sigma_{\mathrm{t}}]$为材料极限抗拉强度。

2. 待拆目标爆破振动控制标准

待拆目标主要为需要拆换的隧道病害衬砌，这部分衬砌只需在邻近段落施工时保持稳定即可，是允许其产生损伤的，因此按照式(5-4)计算确定待拆目标混凝土衬砌的安全振动速度。根据《公路隧道设计规范 第一册 土建工程》(JTG 3370.1—2018)查到混凝土强度参数，计算待拆目标的安全振动速度，如表 5.1 所示。

表 5.1　待拆目标爆破振动控制标准建议值

参数	强度等级							
	C15	C20	C25	C30	C35	C40	C45	C50
极限抗拉强度/MPa	1.4	1.7	2.0	2.2	2.5	2.7	2.9	3.1
弹性模量/GPa	22	25.5	28	30	31.5	32.5	33.5	34.5
密度/(kg/m^3)	2300	2300	2300	2300	2300	2300	2300	2300
安全振动速度/(cm/s)	30.49	34.39	38.61	41.03	45.50	48.38	51.18	53.91

表 5.1 中混凝土的安全振动速度计算时 C_{p} 近似取为 $\sqrt{(1-\mu)E/[\rho(1+\mu)(1-2\mu)]}$。式中，$\rho$ 为材料密度；μ 为泊松比，混凝土按 0.2 取值。

杜公岭隧道病害衬砌拆除段落的二次衬砌混凝土类型为 C25 素混凝土，按表 5.1 计算所得 C25 混凝土的安全振动速度为 38.61cm/s，因此工程实际中对于近爆源的质点振动速度超过这一限值的，应采取临时支护等防范措施。

3. 非拆目标爆破振动控制标准

非拆目标的振动控制比待拆目标的振动控制更加严格，其中非拆目标包括围岩、既有非拆衬砌、新做衬砌，国内外相关行业对这三类目标的爆破振动安全控制标准进行了大量研究，部分成果纳入标准规范，为受控目标的长期服役性能提供保障。综合理论分析与文献调研，确定隧道病害处治工程的非拆目标爆破振动控制标准建议值，如表 5.2 所示。

表 5.2　非拆目标爆破振动控制标准建议值

序号	控制对象		安全振动速度/(cm/s)		
			$f \leqslant 10\text{Hz}$	$10\text{Hz} < f \leqslant 50\text{Hz}$	$f > 50\text{Hz}$
1	围岩	破碎岩体	20		
		完整岩体	40		
2	既有非拆衬砌		8	10	12
3	新做衬砌	龄期：0～3d	1	2	3
		龄期：3～7d	3	5	7
		龄期：7～28d	7	9	12

注：f为爆破振动频率。

5.2.2　衬砌爆破拆除减振技术措施

爆破振动可以从爆源、受控目标、振动波的传播路径三个方面采取措施进行控制。但是隧道工程的受控目标处于相对封闭空间或为隐蔽结构，不便采取内部加固或减振消能措施。因此，对于隧道病害处治工程的衬砌拆除爆破振动控制，主要采取优化爆源和改变振动波传播路径的措施。

1. 爆源能量控制措施

1) 炮孔布置

合理的炮孔布置方式可有效利用和创造自由面，减小爆破阻力，优化装药结构，改善爆破效果，提高爆破效率，降低爆破振动。根据隧道工程的空间结构形式，衬砌拆除爆破的炮孔布置方式可分为径向钻孔和轴向钻孔两种，如图 5.1 所示。

上述两种炮孔布置方式在具体工程应用时有如下特点：

(1) 径向钻孔。径向钻孔的爆破方案对支护结构进行轴向剥离。该方案的炮孔施工作业面广，单个炮孔的深度小，通过设置合理的炮孔间距，使炸药均匀地分布于被爆衬砌中，爆破破碎效果明显。但该炮孔布置方案所需炮孔数量多，且隧道拱部炮孔施工困难，为了减小爆破振动，往往需要设置多个起爆段位，炸药安装过程相对复杂。

(2) 轴向钻孔。轴向钻孔的爆破方案对支护结构进行径向剥离。该方案可充分利用隧道内部的临空面，更符合“失稳原理”的控制原则，容易形成隧道衬砌结构拆除所需的铰支和倾覆力矩，满足结构体所需的最小破坏高度，所需炮孔数量少，炮孔打设角度可控性高，对支护结构向隧道内的剥离作用显著。但该炮孔布置方案所需炮孔深度大，当被爆介质为钢筋混凝土时，施工过程会受到衬砌内部钢筋影响，并且因为混凝土对钢筋的握裹作用，也不利于保证衬砌的破碎效果。

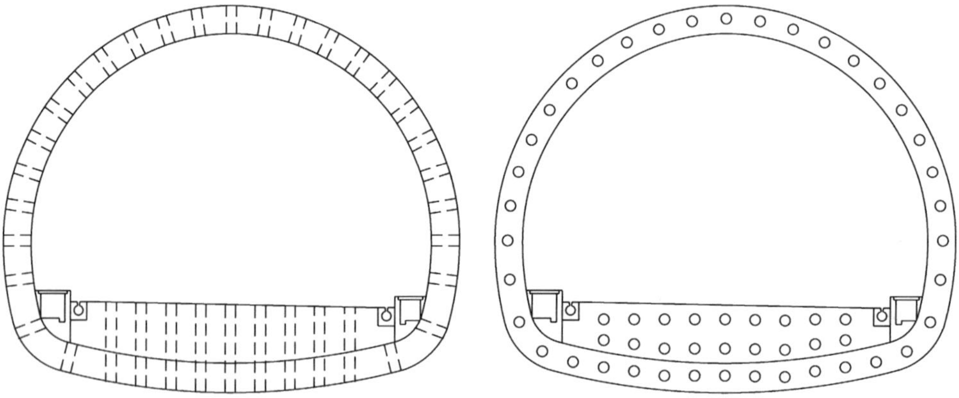

(a) 径向钻孔　　(b) 轴向钻孔

图 5.1　炮孔布置方式示意图

综合分析上述两种炮孔布置方式的特点，推荐钢筋混凝土衬砌爆破采用径向钻孔方案，素混凝土衬砌爆破采用轴向钻孔方案。

轴向钻孔和径向钻孔两种方案由于炮孔布置方式不同，其孔网参数也存在差别。孔网参数包括最小抵抗线W、炮孔深度l、孔间距a、排间距b，具体分析如下。

(1) 径向钻孔方案。径向钻孔的深度小于衬砌厚度，按浅眼爆破确定最小抵抗线W=(8～15)d，如杜公岭隧道现场用到的炮眼直径d = 42mm，因此最小抵抗线W = 34～63cm。

由于径向钻孔方案最小抵抗线 W 与衬砌厚度 B 尺寸相当，炮孔中一般只装一个药包，此时的炮孔深度 l 按式(5-5)计算：

$$l=\frac{B+l_{药}}{2} \tag{5-5}$$

式中，$l_{药}$为装药高度。

受衬砌内部钢筋约束和混凝土质量影响，径向钻孔方案炮孔间距 $a=(1\sim3)W$（衬砌强度低、质量差时取高值，反之取低值）。径向钻孔方案的排间距b小于或等于最小抵抗线W，多排孔齐发爆破时，后排孔缺少良好的自由面，排间距取$b=(0.6\sim0.9)W$。

(2) 轴向钻孔方案。轴向钻孔平行于隧道轴线，按薄壁结构确定其最小抵抗线，即$W=B/2$。

衬砌一次拆除长度$l_{拆}$的尺寸远大于轴向钻孔方案的 3 倍最小抵抗线，采用单层装药不能保证衬砌的有效破除，需要采用双层或多层装药。为了控制爆破效果，最外层药包中心到自由面的距离、药包的层间距都要与最小抵抗线W相近，此时的炮孔深度按式(5-6)计算：

$$l=l_{拆}-W+\frac{l_{药}}{2} \tag{5-6}$$

由于轴向钻孔方案较好地利用了“失稳原理”，其炮孔间距a可根据工程实际满足衬砌剥离和破碎需求取用。

轴向钻孔方案的炮孔排间距根据衬砌的结构形式确定，一般将二次衬砌的炮孔设在截面中间或略偏围岩侧，初次衬砌炮孔设在衬砌与围岩交界面处或根据围岩扩挖量调整。

2) 炸药用量

爆破作业根据爆破能量的不同，可使被爆物产生松动、开裂、碎裂、抛掷等不同的破坏状态，而对于隧道衬砌拆除爆破，其主要目的是将衬砌结构从隧道本体剥离，并控制被爆体的破碎程度，便于废渣清运。如果爆破炸药用量不足，可能导致衬砌爆破不充分或无法有效剥离，如图 5.2(a)所示；如果爆破炸药用量过多，可能产生严重的爆破振动影响或引起邻近段落损伤，如图 5.2(b)所示。因此，在隧道衬砌爆破拆除作业时，应充分发挥“爆撬结合”的作用效果，合理选用炸药用量。

相关文献表明，体积公式是应用最普遍的炸药用量计算公式，即

$$Q=qV_{爆} \tag{5-7}$$

式中，q 为单位炸药消耗量，按表 5.3 取值；$V_{爆}$ 为每个炮孔所承担的被爆体体积或被爆体总体积。

(a) 爆破炸药用量不足

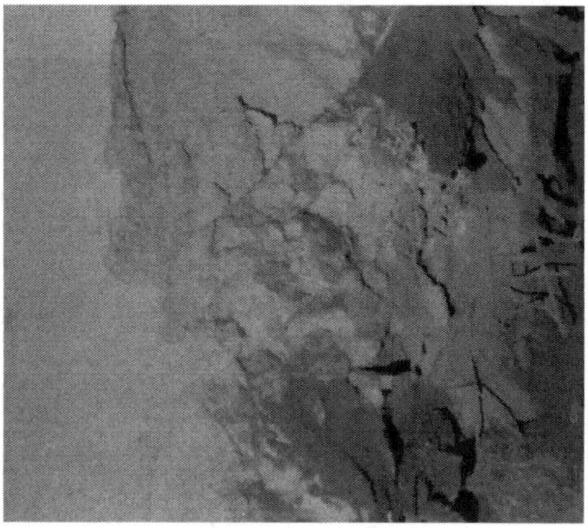

(b) 爆破炸药用量过多

图 5.2　爆破炸药用量不合理

表 5.3　单位炸药消耗量经验取值表

材质	单位炸药消耗量 q/(g/m^3)
素混凝土	120～280
钢筋混凝土	150～400

根据既有拆除爆破文献确定的单位炸药消耗量 q 的经验值，并在工程实际中根据衬砌破碎效果和爆破振动监测结果进行动态调整。当衬砌结构破坏状态严重、围岩稳定性较差、与被保护结构距离较近时，选取值域的下限；当衬砌结构破坏状态轻微、围岩稳定性较好、与被保护结构距离较远时，选取值域的上限。

图 5.3 所示的两车道杜公岭公路隧道二次衬砌断面，需要进行拱墙拆除，其厚度为 40cm，拱墙截面积为 8.43m^2，材质为素混凝土，质量良好，因此爆破拆除衬砌单位宽度所需的炸药量 Q_0 为

$$Q_0 = qS_{爆} = 0.28 \times 8.43 = 2.35(\text{kg/m})$$

3) 装药起爆

爆破常用的装药结构按炸药集中程度分为连续装药和间隔装药。对于径向钻孔方案，孔深较小($l < 2W$)，采取连续集中装药结构，如图 5.4(a)

所示；对于轴向钻孔方案，孔深较大($l > 2W$)，采取间隔分段装药结构(2～3 段为宜)，并分别放置雷管，如图 5.4(b)所示。

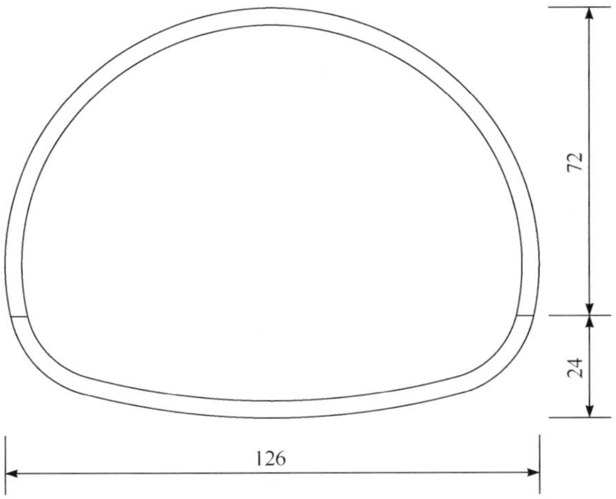

图 5.3　两车道杜公岭隧道二次衬砌断面(单位：cm)

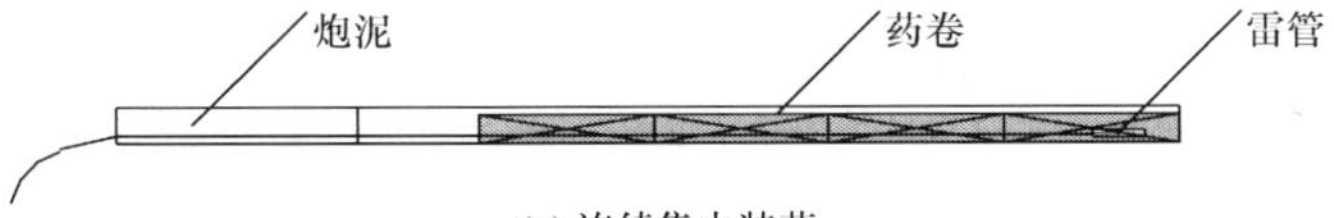

(a) 连续集中装药

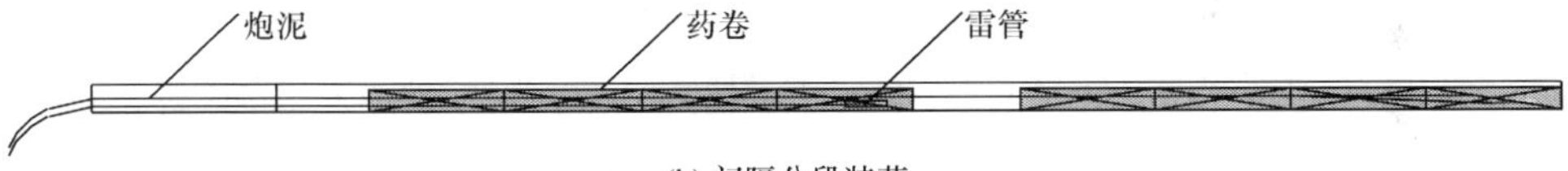

(b) 间隔分段装药

图 5.4　装药结构示意图

爆破装药时，炮孔孔口采用炮泥堵塞，选用药卷直径(32mm)小于炮孔直径(42mm)的不耦合装药方式。这种装药结构可降低爆炸冲击波对孔壁的峰值作用力，减小峰值振动速度；延长爆炸压力的作用时间，降低爆破振动频率。

起爆采用毫秒雷管，并综合考虑工程实际的爆破地震波传播规律，根据爆破安全振动速度确定不同控制距离的单段最大起爆药量，设置合理的爆破微差。

2. 能量传递控制措施

炸药爆炸后，主要能量消耗于介质的破碎，余下的一小部分自爆源以球面波形式向外传播，在近爆源处表现为冲击波，之后依次衰减为应力波和地震波。根据波的传播理论，当爆破振动波在介质中传播遇到结构面、自由面时会发生反射、透射和绕射等现象，引起波形转换、干涉，能量产生衰减，传播方向和频谱也随之发生改变，最终导致波形、频率、振动持续时间变化。因此，在工程爆破项目中，可以在爆源与受控目标之间设置沟槽来阻断或改变爆破振动波的传播路径，确保被保护目标不受损伤。

衬砌爆破拆除时的爆源是由多个炮孔中的炸药爆炸共同产生的，各炸药爆炸产生的振动波也存在一定程度的差别，加之上述各类波传播特征的不同，反映到衬砌表面各测点的振动波形较为复杂，但振动波的总体衰减规律具有较好的一致性。因此，在工程应用分析时，将爆破作业面内的单段炸药简化为线爆源，对于爆破扰动距离按控制点到爆破作业面中间断面的距离进行测算。

文献研究表明，爆破振动波在介质中的传播速度与介质的密度和弹性模量有关，其携带的能量与动力刚度有关。

$$H=\sqrt{E\rho} \tag{5-8}$$

式中，H 为介质动力刚度；E 为介质弹性模量；ρ为介质密度。

当波通过不同的介质时，将受到阻碍或削弱。例如，波从介质 1 传播到介质 2 时，其能量的变化可表示为

$$I_2=K_n I_1 \tag{5-9}$$

$$K_n=\frac{4n}{(n+1)^2} \tag{5-10}$$

$$n=\frac{H_1}{H_2} \tag{5-11}$$

式中，I_1、I_2 为波在介质 1、2 中所含的波能；H_1、H_2 为介质 1、2 的动力刚度；K_n 为波能的传递系数；n 为动力刚度比值。

由式(5-9)可知，通过能量传递控制措施减少爆破扰动主要是利用了波在不同介质中传播耗能的性质，在衬砌上设置沟槽，限制或削弱了爆破振动波能的传播。衬砌爆破振动波的传播路径如图 5.5 所示。

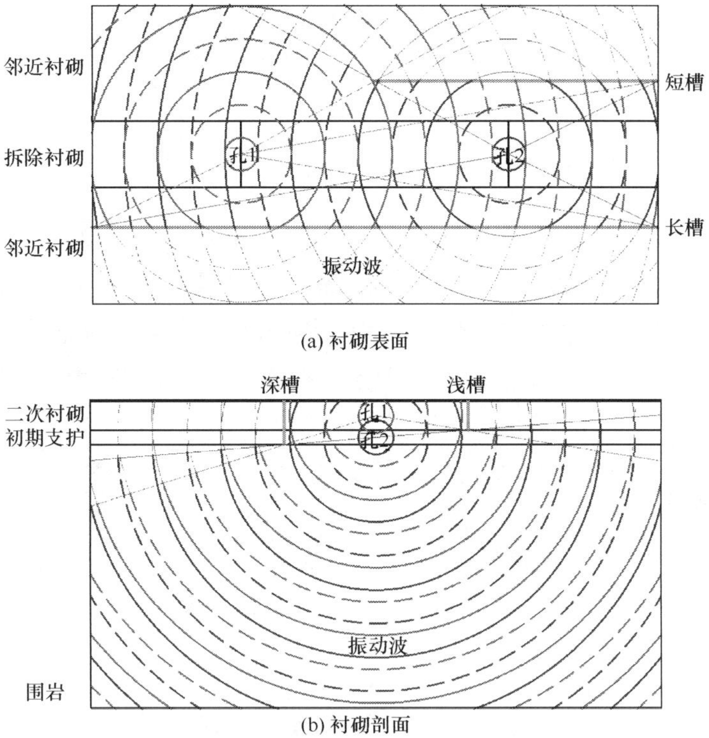

图 5.5　衬砌爆破振动波的传播路径示意图

由图 5.5 可知，当衬砌无沟槽时，爆破振动波在衬砌中的传播为不受限制的自然衰减，对波传播方向的衬砌扰动的能量也主要来源于衬砌中的波能；当衬砌有沟槽时，爆破振动波会从混凝土介质进入空气介质，在沟槽面发生反射和折射，在沟槽后方形成“阴影区”，引起波能耗损，而在沟槽边缘发生衍射、在沟槽范围之外继续以体波和面波的形式传播，阻断了部分波的传播，爆破振动波发生衰减。

如果衬砌沟槽有足够的几何尺寸，能将受控衬砌与爆源完全分离，则可有效阻断爆破振动波在衬砌中的传播，爆破扰动只能通过波在围岩的传播或衍射对受控衬砌产生影响。而相对于衬砌混凝土介质，岩体介质存在很多节理、层理等不连续面，导致爆破振动波在岩体介质中的波动规律非常复杂，但受到这些不连续面的影响，波的反射、折射及岩体内部摩擦会耗散大量的爆破振动波能，使爆破振动波在围岩中的衰减速率远远高于衬砌混凝土中的衰减速率，有助于衬砌沟槽减振作用的发挥。

5.3　衬砌沟槽减振的现场测试与数值模拟

5.3.1　衬砌沟槽减振的现场测试

隧道病害处治工程的爆破振动在爆源控制方面有较多的文献资料和工程案例可供参考借鉴，但在爆破振动波传播路径控制方面缺乏相关的应用研究，减振沟槽在衬砌拆除爆破中的作用效果尚不明确。本节依据杜公岭隧道进行爆破振动的现场测试，研究衬砌爆破拆除的振动波传播规律和衬砌沟槽的减振效果。

1. 监测方案

根据杜公岭隧道病害处治的现场施工情况，采用智能爆破测振仪分别测试常规爆破振动规律和预留沟槽的减振效果，监测工况如表 5.4 所示。

表 5.4　现场监测工况主要参数表

监测编号	沟槽位置	沟槽深度	沟槽数量	沟槽与爆破中面距离/m
工况Ⅰ	无	—	—	—
工况Ⅱ	拱墙	贯穿初期支护	1	2

1) 工况Ⅰ监测概况

工况Ⅰ衬砌拆除作业面二次衬砌为 40cm 厚 C25 素混凝土，炮孔采用轴向水平钻孔，炮孔数量 13 个，装药量 18kg，起爆段位 1；初期支护炮孔 4 个，装药量 6kg，起爆段位 3。爆破振动测点布置于施工方向的二次衬砌表面，分别于拱顶和左边墙各设 1 条测线，沿隧道纵向布置 6 个监测断面，爆破振动测点布置如图 5.6 所示。

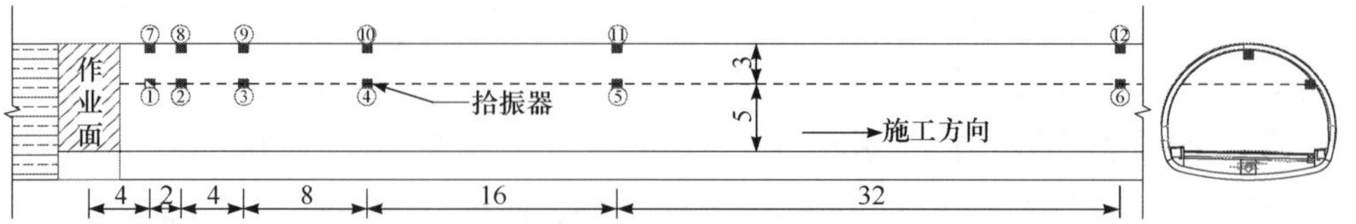

图 5.6　工况Ⅰ爆破振动测点布置(单位：m)

2) 工况Ⅱ监测概况

工况Ⅱ衬砌拆除作业面二次衬砌为 40cm 厚 C25 素混凝土，炮孔采用轴向水平钻孔，炮孔数量 12 个，装药量 12kg，起爆段位 1。紧邻爆破作业面后侧存在一道宽 10cm、贯穿衬砌的沟槽。爆破振动测点布置于沟槽一侧(施工反方向)的初期支护表面，分别于左、右边墙各设置 1 条测线，沿隧道纵向布置 6 个监测断面，爆破振动测点布置如图 5.7 所示。

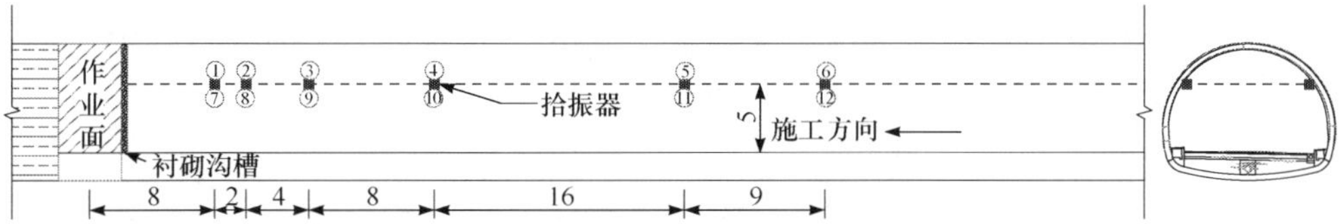

图 5.7　工况Ⅱ爆破振动测点布置(单位：m)

2. 监测结果与分析

1) 工况Ⅰ监测结果分析

工况Ⅰ监测得到的衬砌质点振动速度时程曲线如图 5.8 所示(径向 V_X 为水平面内质点与爆源连线方向的振动速度，切向 V_Y 为水平面内与径向垂直方向的振动速度，垂向 V_Z 为竖直方向的振动速度，合成 V_R 为质点振动速度三个方向分量的矢量合成值)。

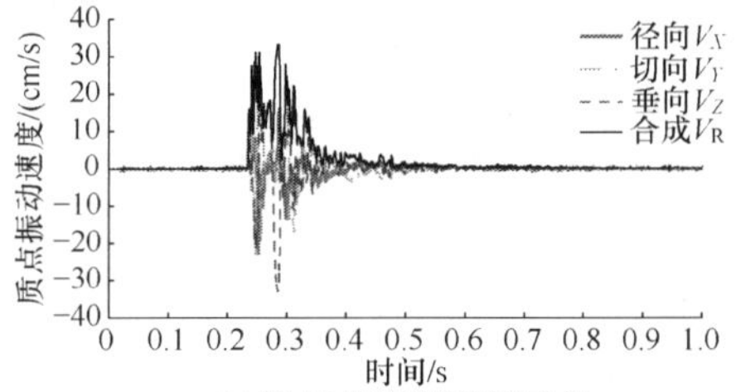

(a) 测点1振动速度时程曲线

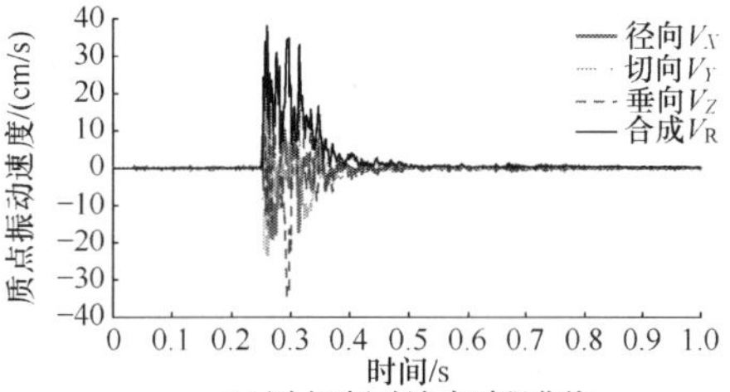

(b) 测点2振动速度时程曲线

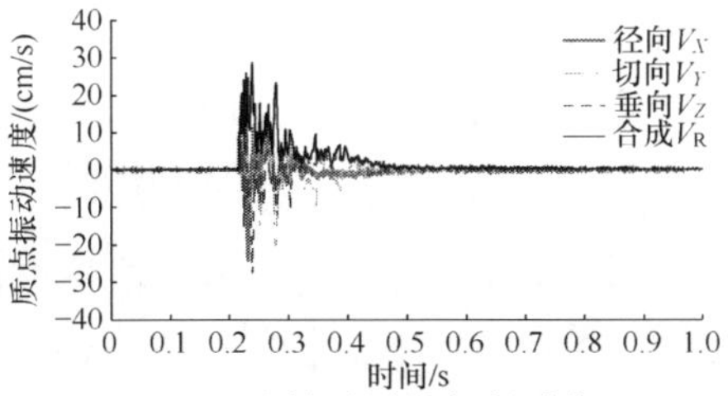

(c) 测点3振动速度时程曲线

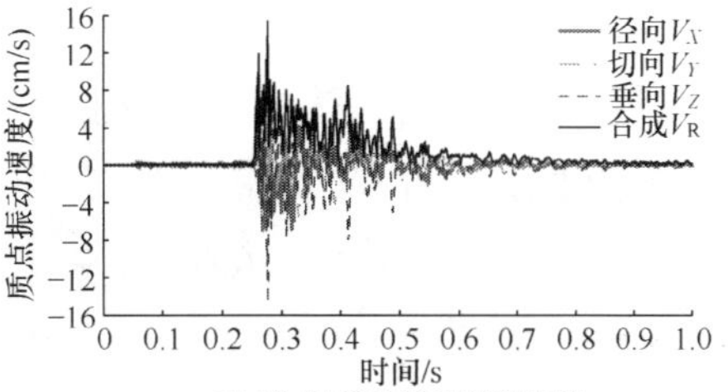

(d) 测点4振动速度时程曲线

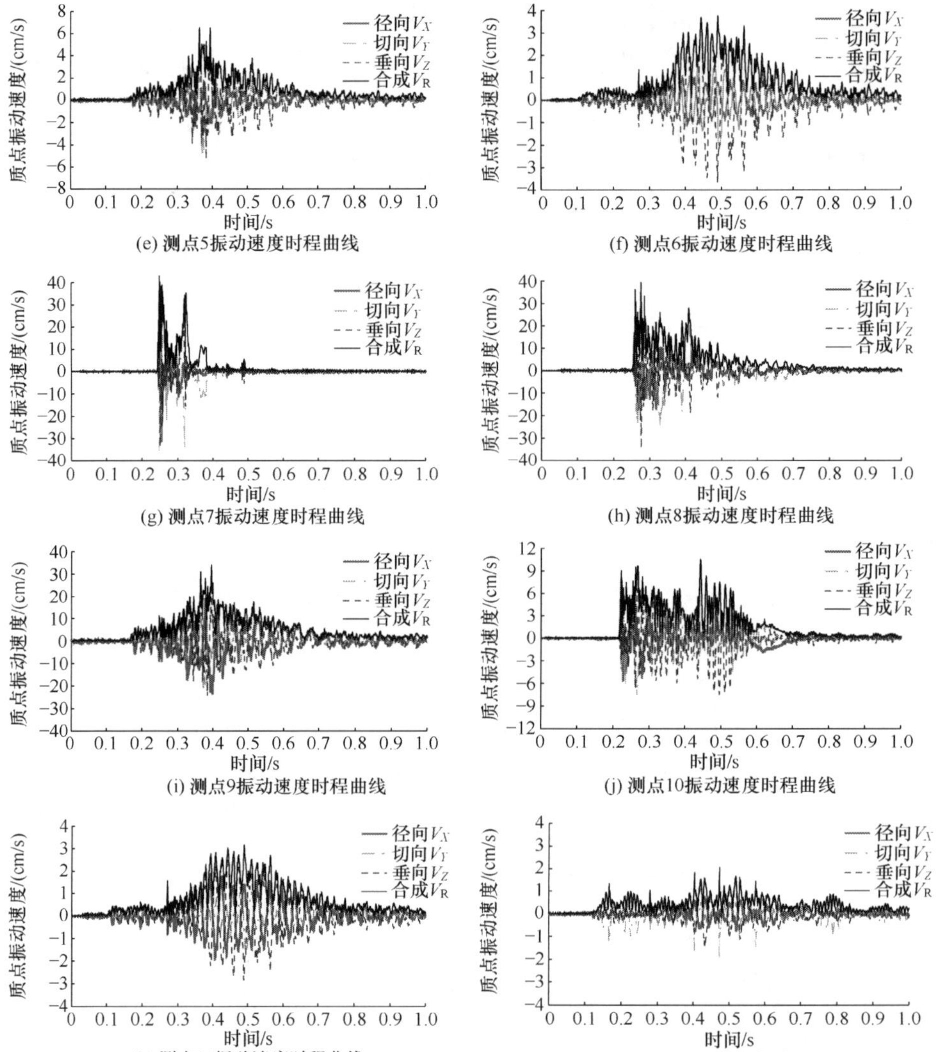

(e) 测点5振动速度时程曲线　(f) 测点6振动速度时程曲线

(g) 测点7振动速度时程曲线　(h) 测点8振动速度时程曲线

(i) 测点9振动速度时程曲线　(j) 测点10振动速度时程曲线

(k) 测点11振动速度时程曲线　(l) 测点12振动速度时程曲线

图 5.8　工况 I 监测质点振动速度时程曲线

分析可知，随着传播距离的增加，质点振动波幅值逐渐降低。由于介质阻尼较大，对不同频率的爆破振动波进行选择性吸收，导致爆破振动波的高频成分比低频成分衰减得快，进而使得爆破近区与爆破远区相比，振动波初振相到主振相的过渡更为急促，振动波衰减幅度更大、衰减速率更快。多个测点的爆破振动波时程曲线表明，1 段、3 段爆破振动波叠加效应和纵、横波传播速度的不同，导致爆破振动波时程曲线有多个高低峰交替。

为了分析常规衬砌拆除爆破的影响规律，绘制质点振动速度峰值、质点振动主频率与质点到爆破中心断面距离的关系，如图 5.9 和图 5.10 所示(下标 A、S 分别代表振动监测点位置即拱顶、边墙，下标 X、Y、Z、C 分别代表 X 方向、Y 方向、Z 方向、矢量合成的物理量)。

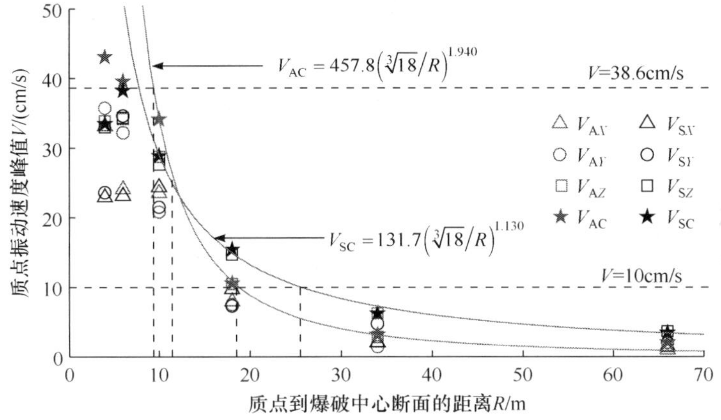

图 5.9　工况 I 监测质点振动速度峰值

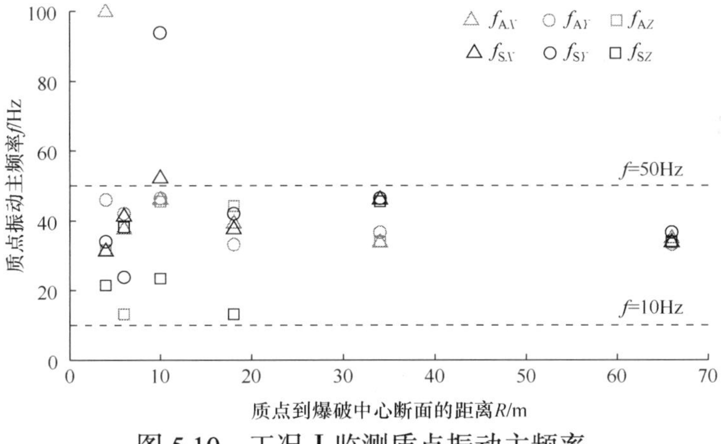

图 5.10　工况 I 监测质点振动主频率

采用萨道夫斯基经验公式(5-12)对图 5.9 的质点振动速度峰值进行回归，可得杜公岭隧道衬砌拆除常规爆破的质点振动速度峰值衰减曲线。

$$V=k\left(\sqrt[3]{Q}/R\right)^{\alpha} \tag{5-12}$$

式中，V为介质质点的振动速度，cm/s；R为测点至爆破中心断面的距离，m；Q为炸药量，齐发爆破为总药量，延时爆破为单段最大起爆药量，kg；k为场地系数；α为衰减指数。

由图 5.9 可知，在距离爆破作业面较近的 4m 和 6m 断面测点振动速度监测值接近或超过了监测仪器的量程，变化规律与其他测点差别明显，其原因是爆破近区多孔间爆破的相互干扰明显，且处在爆破振动波传播路径的应力区(约 6m)内。因此，在进行爆破振动波回归分析时，剔除 4m 和 6m 断面测点数据，得到爆破振动速度峰值的衰减规律如表 5.5 所示。

表 5.5　工况 Ⅰ 质点振动速度峰值回归关系

振动速度	拱顶		边墙	
	回归公式	相关系数	回归公式	相关系数
径向	$V_{AX}=291.7\left(\sqrt[3]{18}/R\right)^{1.879}$	0.9992	$V_{SX}=233.4\left(\sqrt[3]{18}/R\right)^{1.683}$	0.9951
切向	$V_{AY}=223.4\left(\sqrt[3]{18}/R\right)^{1.773}$	0.9891	$V_{SY}=157.5\left(\sqrt[3]{18}/R\right)^{1.498}$	0.9796
垂向	$V_{AZ}=300.9\left(\sqrt[3]{18}/R\right)^{1.753}$	0.9990	$V_{SZ}=126.3\left(\sqrt[3]{18}/R\right)^{1.132}$	0.9977
合成	$V_{AC}=457.8\left(\sqrt[3]{18}/R\right)^{1.940}$	0.9977	$V_{SC}=131.7\left(\sqrt[3]{18}/R\right)^{1.130}$	0.9965

分析表 5.5 可知，不同测线位置、不同速度分量回归得到的监测段落场地系数k和衰减指数α的值存在一定差别，表明爆破振动波传播路径的复杂性和传播介质的非均一性，但这些回归公式总体能够反映衬砌爆破拆除引起的振动波扰动规律，可以指导爆破炸药用量和目标安全距离的合理选用。

从图 5.10 可以看出，除拱顶 4m 测点径向、边墙 6m 测点径向和切向的质点振动主频率高于 50Hz 外，其余 92%的测点分方向振动主频率介于 10～50Hz，因此根据 5.2.1 节确定待拆 C25 混凝土衬砌、非拆混凝土衬砌的安全振动速度分别为 38.6cm/s、10cm/s。为保证衬砌拆除爆破的施工安全和结构安全，采用该工况爆破参数对应的上述四类受控目标的安全距离分别为 9.4m、25.5m。而对于新做的混凝土衬砌，其安全振动速度量值较低，对安全距离的要求很高。因此，在工程实际中，应尽量避免在衬砌爆破拆除段落附近新做衬砌，否则应采取必要的降振措施或采用非爆破拆除。

根据边墙质点振动合速度峰值回归公式分析不同单段最大起爆药量时质点振动速度峰值 V 与质点到爆破中心断面距离 R 的关系，如图 5.11 所示。

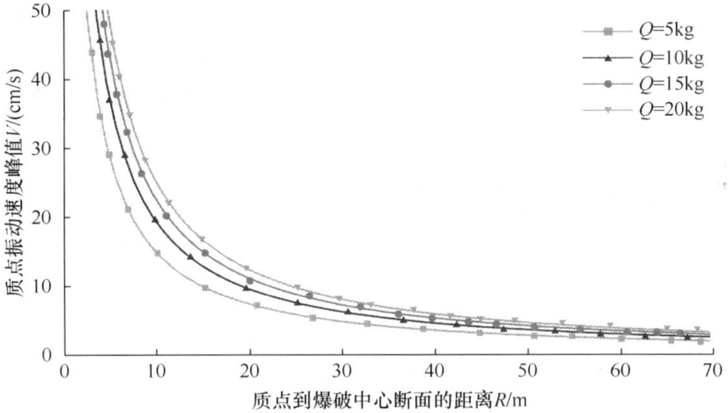

图 5.11　不同单段最大起爆药量时的 V-R 关系

降低爆破炸药用量或将爆破炸药进行分段起爆是爆破工程降低爆破振动的常用方式，但对于隧道病害处治工程，衬砌单次拆除所需炸药总量较少，在满足衬砌爆破剥离的前提下，减少炸药用量对降低爆破扰动的作用有限，并且爆破振动安全控制标准越低，这种现象越明显。因此，不能单纯依靠减少炸药用量或缩短施工进尺来控制爆破扰动。

2) 工况Ⅱ监测结果分析

工况Ⅱ监测得到的衬砌质点振动速度时程曲线如图 5.12 所示(径向

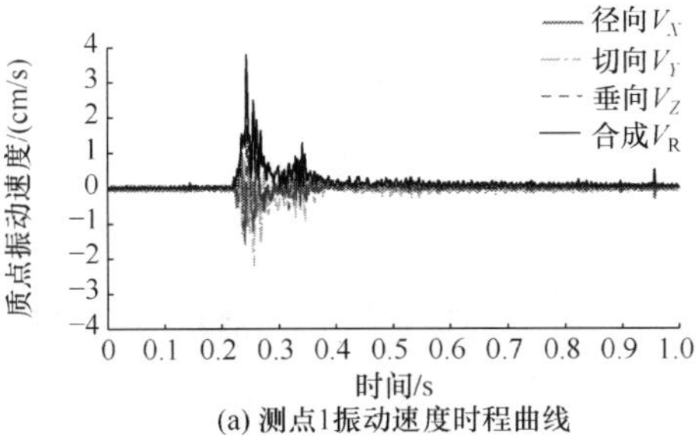

(a) 测点1振动速度时程曲线

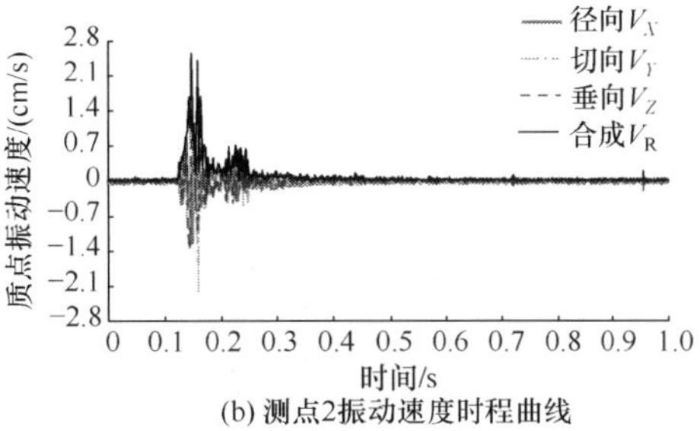

(b) 测点2振动速度时程曲线

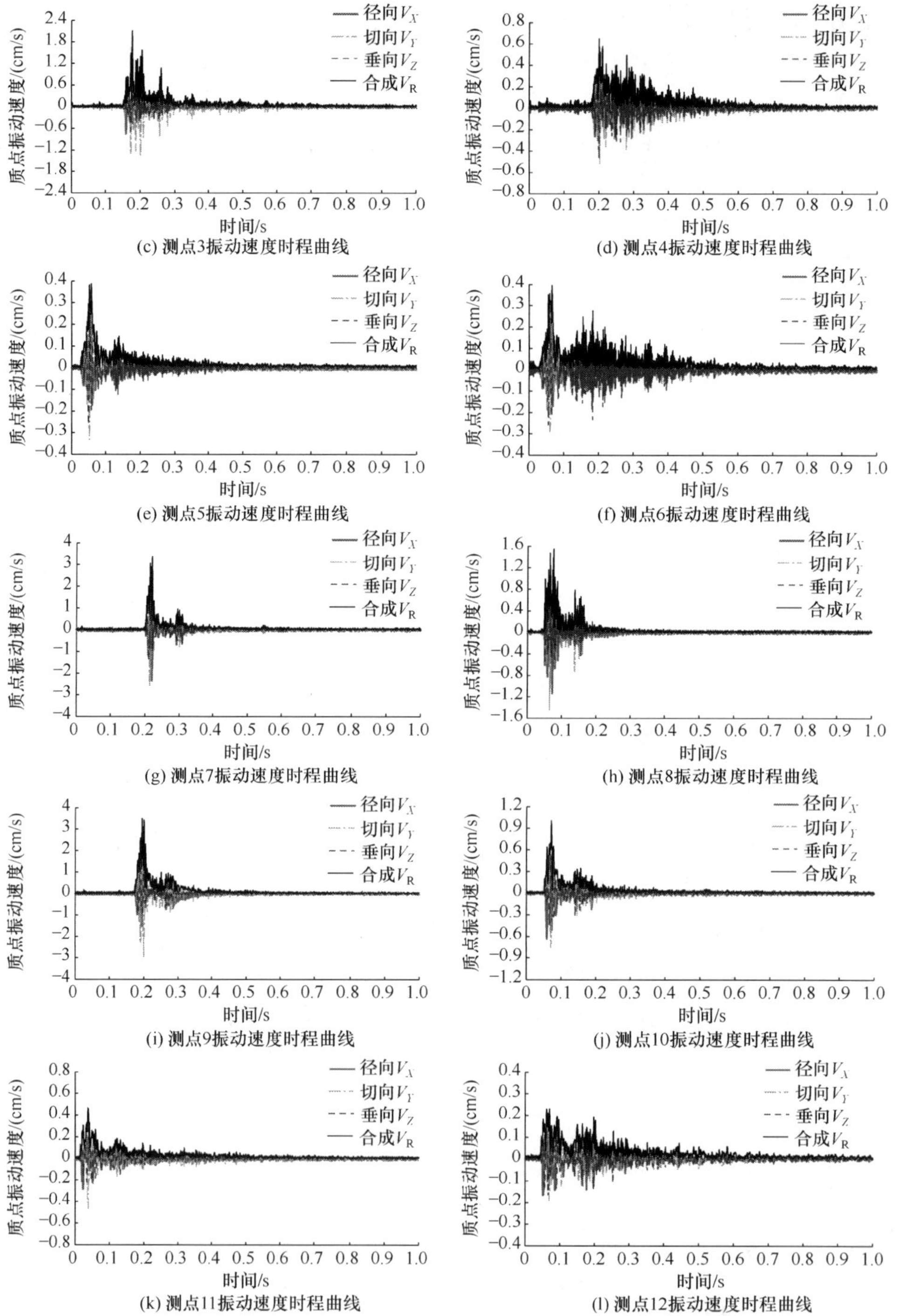

(c) 测点3振动速度时程曲线

(d) 测点4振动速度时程曲线

(e) 测点5振动速度时程曲线

(f) 测点6振动速度时程曲线

(g) 测点7振动速度时程曲线

(h) 测点8振动速度时程曲线

(i) 测点9振动速度时程曲线

(j) 测点10振动速度时程曲线

(k) 测点11振动速度时程曲线

(l) 测点12振动速度时程曲线

图 5.12　工况 II 监测质点振动速度时程曲线

V_X 为水平面内质点与爆源连线方向的振动速度，切向 V_Y 为水平面内与径向垂直方向的振动速度，垂向 V_Z 为竖直方向的振动速度，合成 V_R 为质点振动速度三个方向分量的矢量合成值)。

分析可知，各测点的振动特征有着较好的一致性，在一定程度上体现出不同类型的波因传播速度不同而产生的叠加现象。

为进一步分析工况Ⅱ的衬砌沟槽对爆破振动波传播的影响，统计各测点的振动速度峰值和振动主频率，如图 5.13～图 5.15 所示(下标 L、R 分别代表左、右边墙的水平测线，下标 X、Y、Z、C 分别代表 X 方向、Y 方向、Z 方向、矢量合成的物理量，下标 P 代表按照工况Ⅰ边墙合速度回归公式的预测合速度)。

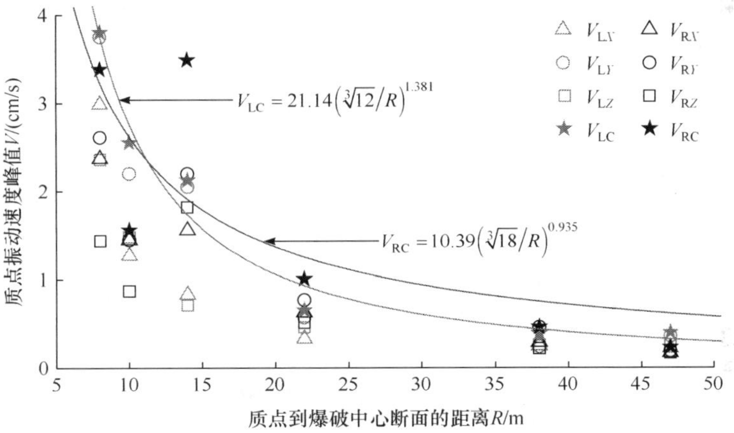

图 5.13　工况Ⅱ监测质点振动速度峰值

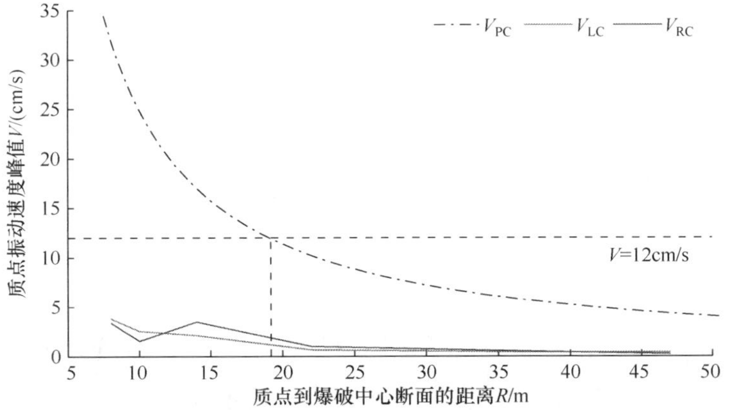

图 5.14　工况Ⅱ监测质点振动合速度实测值与预测值对比曲线

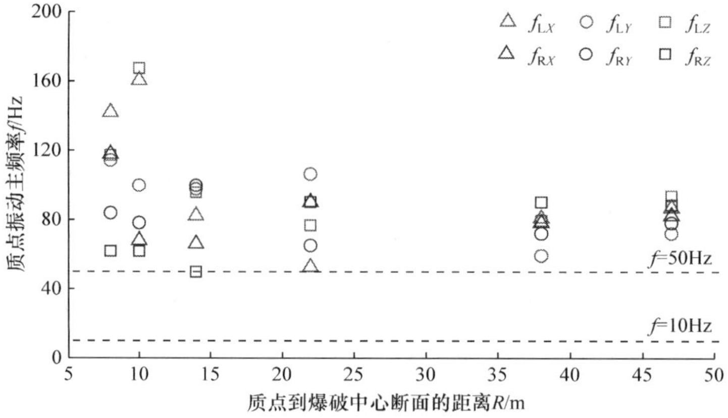

图 5.15　工况Ⅱ监测质点振动主频率

从图 5.13 和图 5.14 可以看出，处于衬砌沟槽远离爆破作业面一侧的左右边墙监测点振动速度较小，最大值不到 4cm/s，并且随着测点与爆破作业面距离的增加，质点振动速度峰值降低，表现出较好的指数型衰减规律。

将左右边墙测点的质点振动速度峰值按照萨道夫斯基经验公式(5-12)进行回归，如表 5.6 所示，其中左边墙测线回归公式的相关系数在 0.95 以上，表明经衬砌沟槽减振的质点振动速度同样可以用萨道夫斯基经验公式进行预测。

表 5.6　工况Ⅱ质点振动速度峰值回归关系

振动速度	左边墙		右边墙	
	回归公式	相关系数	回归公式	相关系数
径向	$V_{LX}=77.29\left(\sqrt[3]{12}/R\right)^{2.634}$	0.9569	$V_{RX}=10.15\left(\sqrt[3]{12}/R\right)^{1.190}$	0.9276
切向	$V_{LY}=23.62\left(\sqrt[3]{12}/R\right)^{1.498}$	0.9501	$V_{RY}=8.70\left(\sqrt[3]{12}/R\right)^{0.997}$	0.7925
垂向	$V_{LZ}=21.40\left(\sqrt[3]{12}/R\right)^{1.784}$	0.9791	$V_{RZ}=4.14\left(\sqrt[3]{12}/R\right)^{0.810}$	0.5580
合成	$V_{LC}=21.14\left(\sqrt[3]{12}/R\right)^{1.381}$	0.9712	$V_{RC}=10.39\left(\sqrt[3]{18}/R\right)^{0.935}$	0.6164

上述监测数据表明，拱墙贯穿型衬砌沟槽的减振效果非常显著，按照 $D=(V_{预测}-V_{实测})/V_{预测}$计算减振率，如表 5.7 所示。由图 5.15 可知，左、右边墙所有测点的振动主频率均大于 50Hz，根据 5.2.1 节确定待拆 C25

混凝土衬砌、非拆混凝土衬砌的安全振动速度分别为 38.6cm/s、12cm/s，由此可见，工况Ⅱ远离爆破作业面的衬砌沟槽一侧的质点振动速度均能满足安全振动速度的要求。与此同时，衬砌沟槽在该工况具有良好的减振作用，总体减振率约为 90%，也基本满足了新做混凝土衬砌的安全振动速度要求。

表 5.7　工况Ⅱ衬砌沟槽减振率对比表

质点到爆破中心断面距离/m	振动速度预测值/(cm/s)	振动速度实测值/(cm/s)		减振率/%	
		左边墙	右边墙	左边墙	右边墙
8	32.03	3.80	3.38	88.14	89.45
10	24.89	2.55	1.56	89.75	93.73
14	17.02	2.13	3.49	87.49	79.49
22	10.21	0.65	1.01	93.63	90.11
38	5.51	0.39	0.46	92.92	91.65
47	4.33	0.40	0.23	90.76	94.69

5.3.2　衬砌沟槽减振的数值模拟

1. 计算模型

模型的重力方向为整体坐标系 Z 轴负向，隧道轴线与整体坐标系 Y 轴重合，模型尺寸为 100m(X)×150m(Y)×102m(Z)。隧道轮廓至土体上表面最小垂直距离为 56m，与 X 方向边界最小水平距离为 34m(左)和 54m(右)，为非对称布置。隧道衬砌爆破拆除区位于 Y=50～54m，研究区间为 Y=52～120m。计算模型及网格划分如图 5.16 所示。

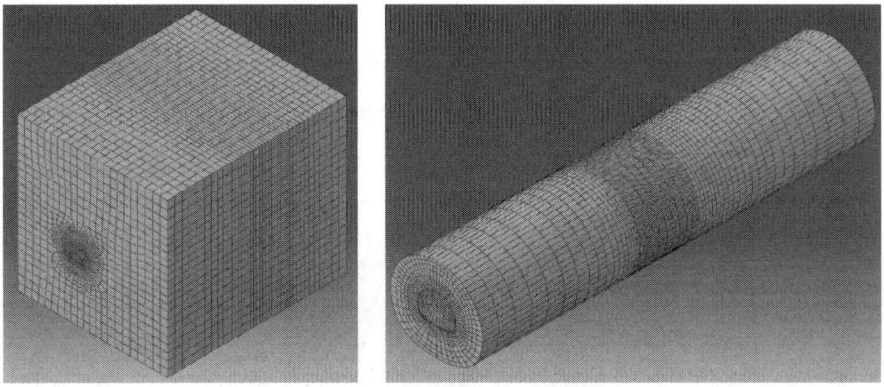

图 5.16　计算模型及网格划分

围岩采用莫尔-库仑模型，综合相关文献，确定其计算参数为：密度 ρ_R=2200kg/m^3、弹性模量 $E_R = 3.5$GPa、泊松比 μ_R=0.32、内摩擦角 $\varphi_R = 33°$、黏聚力 $c_R = 0.5$MPa。初期支护的弹性模量 $E_F = 21$GPa、泊松比 μ_F=0.2，二次衬砌的弹性模量 $E_L = 29.5$GPa、泊松比 μ_L=0.2。

本次数值模拟在模型边界处采用静态(黏性)边界条件。计算爆破荷载采用国际上大多采用的爆破荷载模型。杜公岭隧道衬砌拆除爆破所用2号岩石乳化炸药密度为950kg/m^3，炸药的爆轰速度为3600m/s；炮眼直径为0.04m，药卷直径为0.035m，由此可得数值模拟所需的爆破振动输入荷载如图5.17所示。

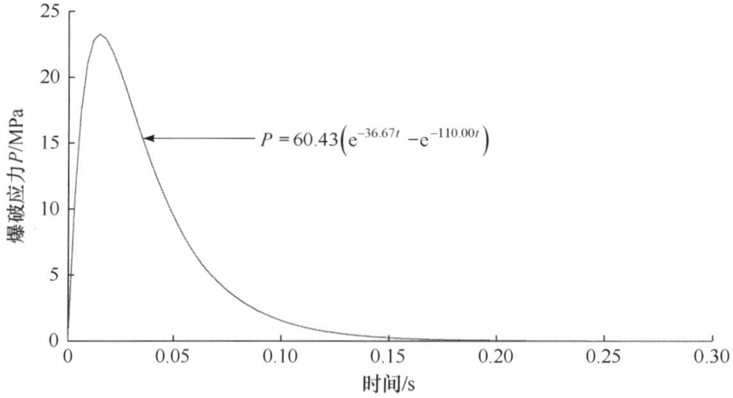

图 5.17　爆破振动输入荷载

基于几何模型，模拟衬砌爆破拆除的质点振动速度衰减规律，分析衬砌沟槽不同设置部位、距离、数量时的减振效果，工况参数如图5.18和表5.8所示。

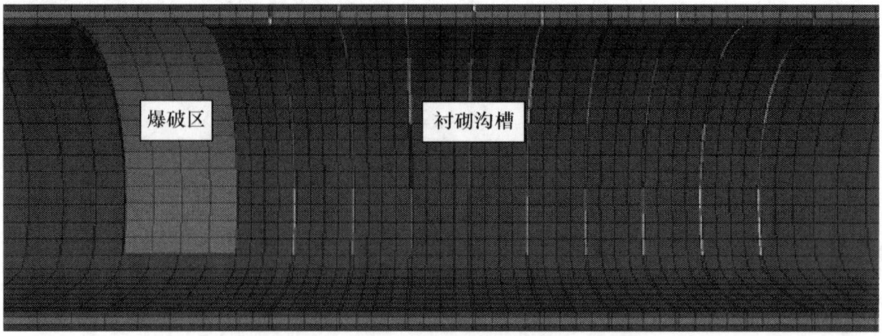

图 5.18　计算模型衬砌沟槽分布图

表 5.8　数值模拟工况参数统计表

工况	位置	沟槽到爆破作业边界的距离/m									
无沟槽	—	—									
有沟槽	拱墙	0	2	4	6	8	10	12	14	16	18
	全环	0	2	4	6	8	10	12	14	16	18

2. 计算结果

1) 无沟槽工况计算结果

无沟槽工况的衬砌质点振动合速度模拟计算值与实测回归值对比曲线如图 5.19 所示。从图中可以看出，由于受到理想模型简化影响，模拟计算值与实测回归值的大小存在差别，但是两者的变化规律相近，并且以边墙的计算结果最为接近，与此同时，本次数值模拟的主要目的是分析衬砌沟槽设置参数，因此该模型可用来分析衬砌沟槽的减振作用效果。

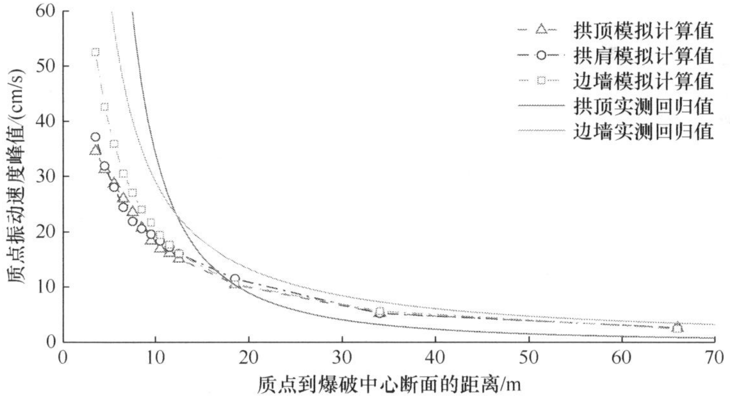

图 5.19　质点振动合速度模拟计算值与实测回归值对比曲线

2) 有沟槽工况计算结果

在拱墙和全环分别设置距离爆源不同距离的衬砌沟槽，计算所得质点振动合速度衰减曲线和减振率分别如图 5.20、图 5.21 所示(G0 代表无沟槽，GH1、GF1 分别代表 1 道拱墙沟槽、1 道全环沟槽，0～18 分别代表沟槽距离爆破作业端面 0～18m，C、S、W 分别代表拱顶、拱肩、边墙监测点)。

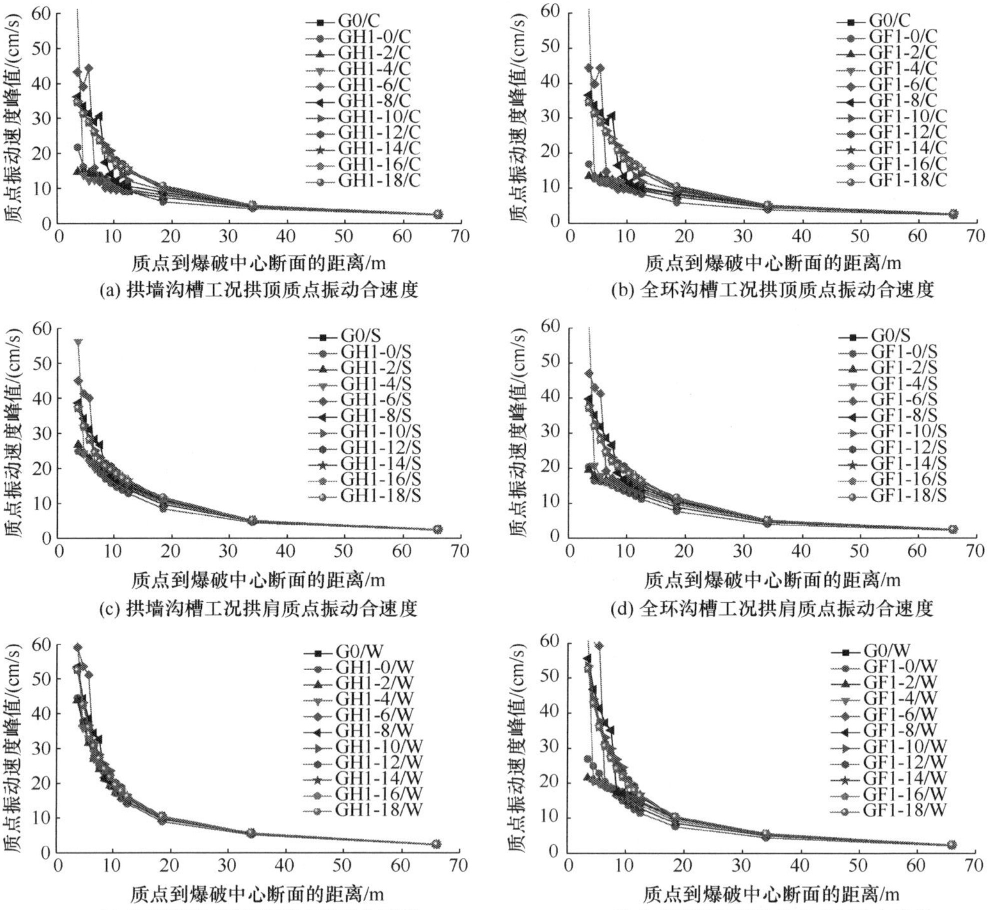

(a) 拱墙沟槽工况拱顶质点振动合速度　(b) 全环沟槽工况拱顶质点振动合速度

(c) 拱墙沟槽工况拱肩质点振动合速度　(d) 全环沟槽工况拱肩质点振动合速度

(e) 拱墙沟槽工况边墙质点振动合速度　(f) 全环沟槽工况边墙质点振动合速度

图 5.20　不同衬砌沟槽设置距离的质点振动合速度衰减曲线

分析图 5.20 和图 5.21 可知，衬砌沟槽的设置能明显提升质点振动速度的衰减速率，但受沟槽覆盖范围和模型理想简化影响，拱墙沟槽工况自拱顶至边界的减振效果逐渐降低，而全环沟槽各部位均体现出良好的减振现象。全环沟槽后方质点振动速度均能满足待拆混凝土衬砌安全振动速度要求，但是因为计算模型中的围岩为均匀的连续性介质，对振动波能量的消耗远小于工程实际中的围岩，所以衬砌沟槽模型计算的减振率比实测值偏低。由于衬砌简化为理想弹性模型，当爆破振动波传播至沟槽前方时，会因波的反射引起沟槽前方质点振动速度增加，其中以

7.5m 范围内的沟槽最为明显，但不会影响沟槽对后方质点的减振效果。衬砌沟槽对 8.5m 范围内质点的减振效果非常相近，但当监测点距离爆破作业端面超过 8.5m 时，表现出衬砌沟槽距离爆源越近，减振率越高的规律。

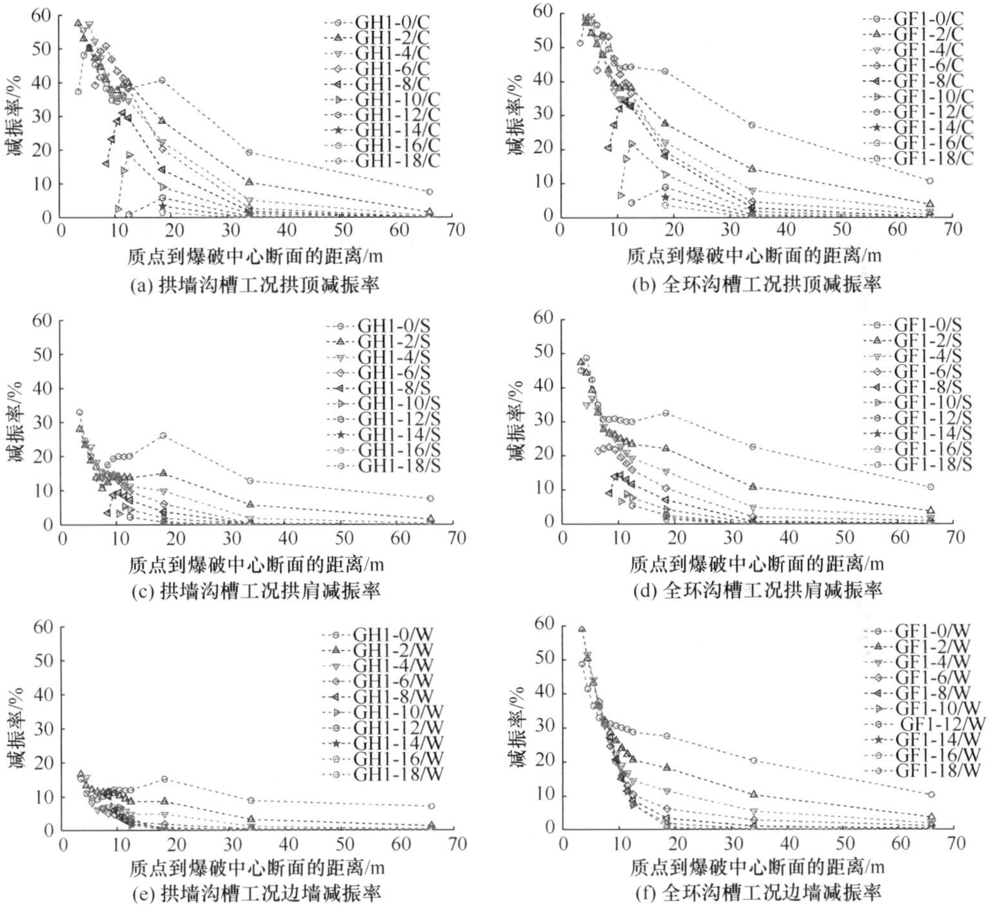

(a) 拱墙沟槽工况拱顶减振率　(b) 全环沟槽工况拱顶减振率

(c) 拱墙沟槽工况拱肩减振率　(d) 全环沟槽工况拱肩减振率

(e) 拱墙沟槽工况边墙减振率　(f) 全环沟槽工况边墙减振率

图 5.21　不同衬砌沟槽设置距离的减振率对比

5.4　衬砌拆除的分区控制技术

隧道病害处治工程往往位于运营线路中，对施工工期有着较高的要求。为了处治特殊病害，部分工程采用衬砌拆换，其中衬砌拆除是该处治方法中最为关键的环节之一。现有隧道衬砌拆除方法因为爆破成本较低、效率较高，得到了广泛的应用，但是爆破产生的扰动对隧道结构与围岩的影响是显而易见的，因此应综合爆破振动的传播规律和衬砌沟槽的减振作用，最大范围地采用爆破拆除，提高总体施工效率。

5.4.1　分区控制标准

隧道工程处于地下相对封闭的空间，爆破振动波的传播规律和受控目标不同于基础工程和地面工程，虽然可以通过沟槽将待拆衬砌与非拆衬砌分离，改善爆破振动波在衬砌中的传播路径，降低爆破振动对非拆衬砌的影响，但是隧道衬砌与围岩紧密接触，预留有限深度的沟槽无法阻断爆破振动波在围岩中传播，仍可能对围岩和衬砌产生不利影响，其影响程度主要取决于围岩对振动波的衰减效率。因此，衬砌的爆破拆除段不应与非拆衬砌段直接相连，需要在二者之间设置微扰动过渡段(图 5.22)，避免非拆衬砌及其背后围岩受到损伤，微扰动过渡段的设置长度根据爆破振动波的传播规律确定。

非拆衬砌	微扰动过渡段	爆破拆除段	微扰动过渡段	非拆衬砌

图 5.22　衬砌拆除的总体分区示意图

隧道衬砌采用爆破方式拆除时，为保证隧道工程的长期服役性能，围岩和非拆衬砌应不受损伤或损伤后可修复，对围岩和非拆衬砌损伤的界定可以利用衬砌拆除爆破振动控制标准计算，以此得出爆破对围岩和非拆衬砌的可能损伤范围，进而确定爆破适用的拆除区域，对于其他区段采用微扰动的拆除方式。

隧道建成后，围岩隐蔽于衬砌背面，在进行隧道病害处治时，对于非拆衬砌背面的围岩是无法进行有效加固的，衬砌拆除爆破作业不应对非拆衬砌背面的围岩产生损伤，并且围岩可视为半无限体，也无法像衬砌一样采用沟槽进行减振。因此，将爆破振动波在围岩中传播、衰减至岩体安全振动速度时对应的岩体质点与爆源的距离定义为围岩损伤临界距离 R_D。

前面研究了爆破振动波在衬砌中的传播规律以及衬砌沟槽的减振作用，结果表明，合理设置衬砌沟槽可有效降低其“阴影区”的质点振动速度，减小爆破影响非拆衬砌所需的安全距离。因此，将合理设置衬砌沟槽后，爆破引起衬砌质点振动速度达到衬砌安全振动速度时对应的质点与爆源的距离定义为沟槽减振安全距离 R_E。

综合上述分析，对于隧道衬砌连续拆换段落，以围岩损伤临界距离 R_D 和沟槽减振安全距离 R_E 中的较大值作为邻近非拆衬砌的微扰动过渡段距离 R_R，如图 5.23 所示。

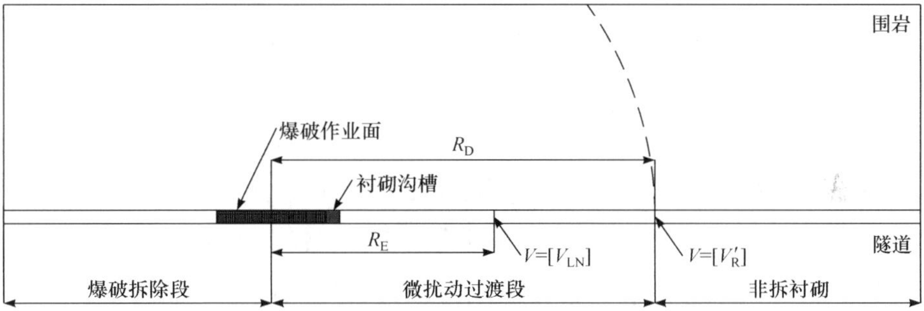

图 5.23　微扰动过渡段长度判定图

为了确定微扰动过渡段距离 R_R，需要分别确定围岩损伤临界距离 R_D 和沟槽减振安全距离 R_E，可采取现场监测的方式获得，但由于衬砌拆除爆破作业时的围岩质点振动速度无法直接获取，需要通过衬砌质点振动速度的监测结果进行换算，具体方法如下：

(1) 根据工程经验保守估算衬砌爆破拆除段落，在爆破拆除段中选取一个或多个爆破作业循环进行有衬砌沟槽和无衬砌沟槽的现场监测，获取衬砌表面质点的振动速度。

(2) 对于无衬砌沟槽的监测结果，通过萨道夫斯基公式回归得到该环境下的场地系数 k_0、振动波衰减指数 α_0，计算不同单段最大起爆药量 Q、衬砌表面的等效围岩安全振动速度 $[V'_R]$ 对应的围岩损伤临界距离：

$$R_D = \sqrt[3]{Q}\sqrt[\alpha_0]{k_0/[V'_R]} \tag{5-13}$$

在确定围岩损伤临界距离时，按最不利工况考虑，假定围岩和衬砌交界面的质点振动速度相等，以此评价围岩内部的质点振动情况。

根据波在不同介质中传播的能量变化，通过围岩安全振动速度 $[V_R]$

计算衬砌表面的等效围岩安全振动速度$[V_R']$，方法如下：

$$I_R = \frac{4\sqrt{E_L\rho_L}\sqrt{E_R\rho_R}}{\left(\sqrt{E_L\rho_L}+\sqrt{E_R\rho_R}\right)^2} I_L \tag{5-14}$$

$$\rho_R[V_R]^2 = \frac{4\sqrt{E_L\rho_L}\sqrt{E_R\rho_R}}{\left(\sqrt{E_L\rho_L}+\sqrt{E_R\rho_R}\right)^2} \rho_L[V_R']^2 \tag{5-15}$$

$$[V_R'] = [V_R]\sqrt{\frac{\left(\sqrt{E_L\rho_L}+\sqrt{E_R\rho_R}\right)^2}{4\sqrt{E_L\rho_L}\sqrt{E_R\rho_R}}\frac{\rho_R}{\rho_L}} \tag{5-16}$$

式中，I_R、I_L分别为爆破振动波在围岩和衬砌中的波能；E_R、E_L分别为围岩和衬砌的弹性模量；ρ_R、ρ_L分别为围岩和衬砌的密度。

(3) 对于有衬砌沟槽的监测结果，通过萨道夫斯基公式回归得到该环境下的场地系数k_1、地震波衰减指数α_1，计算不同单段最大起爆药量Q、非拆衬砌安全振动速度$[V_{LN}]$对应的沟槽减振安全距离R_E：

$$R_E = \sqrt[3]{Q}\sqrt[\alpha_1]{k_1/[V_{LN}]} \tag{5-17}$$

综上所述，可以确定微扰动过渡段的安全距离，使得施工爆破时，衬砌拆除段落的围岩可以进行加固，非拆段落的围岩和衬砌不受损伤，保证隧道结构的整体稳定。

依据杜公岭隧道的病害衬砌拆换段落的围岩等级主要为Ⅲ、Ⅳ、Ⅴ级，参照表 5.2 选用Ⅲ、Ⅳ、Ⅴ级围岩的安全振动速度分别取 40cm/s、30cm/s、20cm/s，根据常规爆破工况Ⅰ测得的边墙部位的场地系数和衰减指数，计算不同安全振动速度、不同单段最大起爆药量对应的围岩损伤临界距离，如图 5.24 所示。

参照表 5.2 可知，既有非拆衬砌的安全振动速度为 8～12cm/s，根据衬砌全环沟槽工况Ⅳ测得的边墙部位的场地系数和衰减指数，计算不同安全振动速度、不同单段最大起爆药量对应的沟槽减振安全距离，如图 5.25 所示。

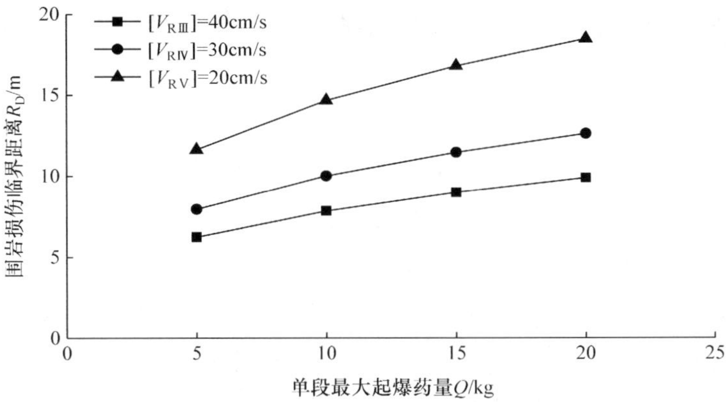

图 5.24 围岩损伤临界距离计算值

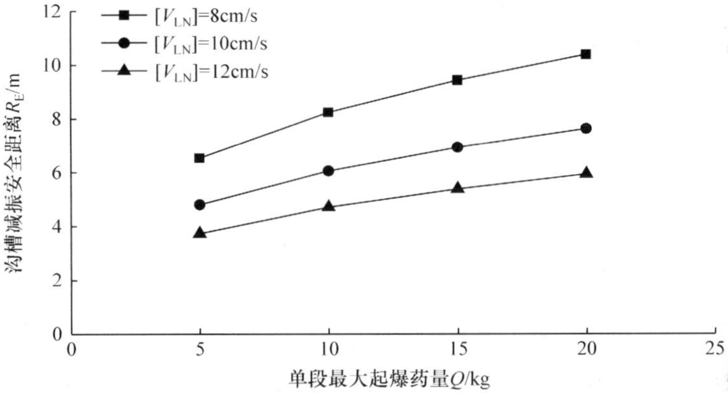

图 5.25 沟槽减振安全距离计算值

杜公岭隧道衬砌拆换段落可综合图 5.24、图 5.25 选取对应单段最大起爆药量时的围岩损伤临界距离和沟槽减振安全距离，并以较大值作为衬砌爆破拆除与非拆衬砌之间的微扰动过渡段的设置长度。

对于爆破拆除区段，宜从中间往两边拆除，便于根据爆破振动的测试结果，及时修正微扰动过渡段的安全距离；需要拆除的衬砌宜按照先严重后轻微的顺序拆除，并对扰动影响范围内的损伤衬砌采取防护措施，当病害衬砌的自稳能力较差时，应先采用微扰动的方法拆除，降低拆除扰动导致的掉块、坍塌风险。

5.4.2 安全保障措施

为科学合理地管控好既有隧道衬砌结构拆除作业风险，综合考虑不同拆除方法的特点，从临时支护、拆除边界、作业过程等方面分析衬砌结构拆除的安全保障措施。

1) 临时支护

在既有衬砌拆除作业前，应对拆除范围及影响区内隧道结构进行临时支护，考虑隧道衬砌结构状况，临时支护可采用钢架、钢架+钢筋网片、防护台车、锚杆等措施。

拱墙衬砌拆除前，首先采用钢架或防护台车对待拆衬砌进行临时支护，拆除作业面两侧的临时支护范围应不小于衬砌模板长度的 50%，采用爆破拆除时，该临时支护范围还应不小于待拆衬砌安全振动速度对应的爆心距。钢架拱脚位置采用锁脚锚管锚固；钢架背部需紧贴二次衬砌，禁止两者大范围不接触；钢架底部应落脚坚实、可靠，不得悬空或松软；必要时增设纵向钢梁和钢丝网，防止拆除过程中混凝土碎块掉落伤人，如图 5.26 所示。

图 5.26　杜公岭隧道临时支护照片

仰拱置换或仰拱增设作业前，应首先在衬砌边墙打设锁脚锚管，必要时设置支撑边墙衬砌的横撑，提高上部结构的整体稳定性；当基底承载力不足时，应对仰拱围岩进行换填，进而形成上部衬砌结构可靠的临时支护，避免隧道仰拱开挖引起上部结构的沉降，如图 5.27 所示。

2) 拆除边界

在拆除作业前，应尽可能对每一拆除循环作业边界进行切割，尤其是钢筋混凝土结构，保障隧道既有衬砌拆除过程中的安全。拆除边界切割的主要作用有：①对既有衬砌进行切割，可使待拆构件成为独立的拆除单元，解除拆除范围内混凝土结构与两侧混凝土的关联、牵制，避免拆除衬砌引发邻近衬砌的破坏；②既有衬砌切割形成沟槽后，可对爆破拆除起到良好的减振作用，降低爆破振动的扰动范围；③对仰拱衬砌进行横纵向切割(图 5.28)，还可以有效划分作业面，方便仰拱左右分幅施工。

图 5.27　杜公岭隧道仰拱换填与临时加固

图 5.28　用于仰拱切割的液压机械头

3) 作业过程

作业过程合理主要包括拆除顺序合理和拆除方式合理两个方面。如图 5.29 所示，一拱墙钢筋混凝土衬砌采取破碎锤拆除时，拆除顺序选用不当，导致拱墙衬砌结构失稳而发生事故。因此，隧道既有衬砌拆除应设置合理的拆除顺序。

图 5.29　先拆边墙导致拱墙衬砌整体脱落

当隧道拱墙衬砌采用机械拆除时，应严格按照拱顶→拱肩→边墙的顺序，自上而下进行作业(图 5.30)，严禁先拆边墙再拆拱顶；当隧道既有拱墙衬砌采用微差分段控制爆破拆除时，也应先起爆拱部，后起爆边墙。对于路面以上的拱墙衬砌混凝土结构，应一次性拆除干净，不得遗

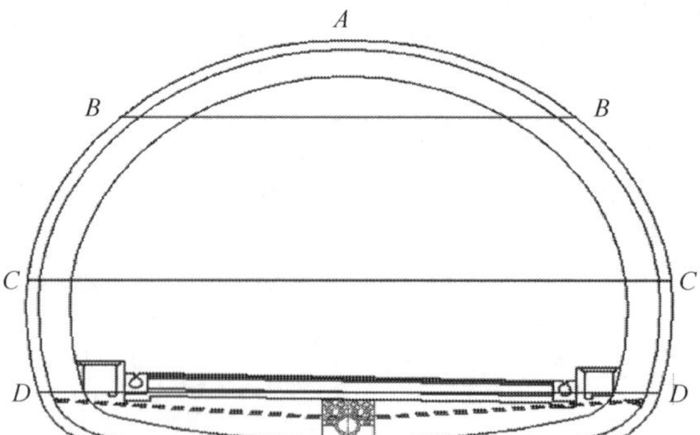

图 5.30　衬砌拆除环向分区

留或分次拆除；机械拆除拱墙衬砌时，机械不得位于临时支护不充分的作业面下方，并且严格控制拆除进尺，沿拆除方向逐步推进。

对初期支护拆除前，应结合监测数据对初期支护和围岩的稳定性进行判识，如果围岩稳定性差、初期支护承载力弱，应首先对围岩进行加固，并严格控制钢架一次拆除数量，必要时采用“间隔拆除、边拆边做”的方式。

隧道仰拱拆除采用机械配合微爆破施工时，墙脚部位不应进行爆破。隧道仰拱开挖(拆除)不宜一次性完成，应左右分幅按两次实施；纵向宜采用跳槽开挖的方式,且一次性开挖长度不应超过衬砌模板长度的50%。仰拱实施完成并确认初期支护安全后，方可拆除临时支护。当仰拱与既有上部结构连接时，连接部位采用纵向筋、钢板、螺栓等进行连接，并预留注浆孔。

综合安全保障措施的分析，可将隧道拱墙衬砌拆换、仰拱拆换(增设)过程总结为“防→切→破→衬”四步。

(1) 防。对待拆构件及邻近段落进行充分的临时支(防)护。

(2) 切。尽可能将每次拆除段落与邻近结构分割，并根据构件性质满足爆破减振设防要求。

(3) 破。按照分区规划，选择合理的拆除方式和顺序，对既定构件进行拆除。

(4) 衬。及时施作初期支护，根据监测数据反馈，适时施作二次衬砌。

5.4.3　现场工程应用

杜公岭隧道 ZK35+480～ZK35+550 连续 70m 为衬砌拆换段，该段落隧道病害等级均为Ⅲ级，围岩主要为上马家沟组一段弱风化泥灰岩、灰岩，局部有碎石土，节理裂隙较发育，整体性较差，中薄层状结构，岩溶较发育，其中，ZK35+480～ZK35+485 段、ZK35+495～ZK35+530 段为Ⅳ级围岩，ZK35+485～ZK35+495 段、ZK35+530～ZK35+550 段为Ⅴ级围岩。由图 5.24 和图 5.25 可知，同等单段最大起爆药量时，围岩损伤临界距离大于沟槽减振安全距离，因此按照围岩损伤临界距离确定该衬砌拆换段落的微扰动过渡段长度，综合考虑施工效率和围岩稳定性，建议微扰动过渡段长度为 10m，微扰动过渡段内建议采用机械切割配合破碎锤拆除，施工过程中同步进行围岩加固并监测围岩变形。

ZK35+480～ZK35+550 段在初期支护拆换期间布设了 4 个位移监测断面(ZK35+490、ZK35+505、ZK35+520、ZK35+535)，测点布置如图 5.31 所示，部分监测断面位移时程曲线如图 5.32 所示。

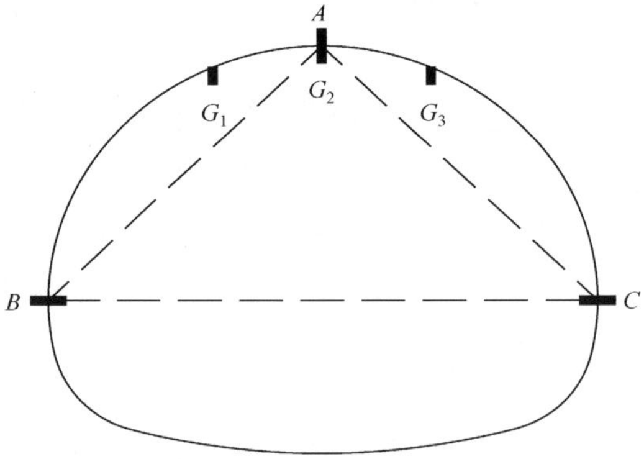

图 5.31　杜公岭隧道位移测点布置(从小里程看向大里程)

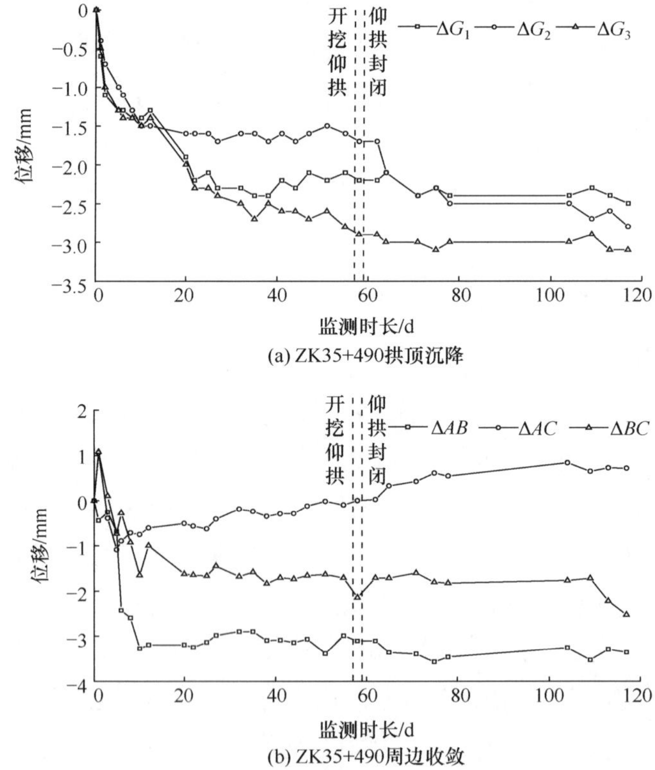

图 5.32　部分监测断面位移时程曲线

从图 5.32 可以看出，衬砌爆破拆除后，初次衬砌的拱顶沉降累积最大值小于 4mm、周边收敛累积最大值小于 4mm，总体变形相对较小。各测点在仰拱拆换前已经开始收敛，且在仰拱施工期间，未引发上部结构的变形突增，表明衬期支护拆换施工引发的扰动安全可控。

参 考 文 献

白海波, 缪协兴. 2008. 潞安矿区奥陶系岩溶演化主控因素分析[J]. 采矿与安全工程学报, 25(1): 17-21.

陈达, 俞小彤, 廖迎娣, 等. 2016. 混凝土硫酸盐侵蚀研究进展[J]. 重庆交通大学学报(自然科学版), 35(2): 24-30.

陈钒, 吴顺川, 任松, 等. 2017. 石膏围岩隧道衬砌结构破坏模式及时变可靠度模型[J]. 工程科学学报, 39(11): 1626-1633.

代高飞, 朱合华, 夏才初. 2005. 某公路隧道病害成因分析与治理研究[J]. 中国安全科学学报, 15(12): 89-92, 139.

邓彬, 刘平录, 程恒. 2012. 某高速公路隧道路面隆起开裂病害整治[J]. 现代交通技术, 9(4): 29-30, 34.

邓涛, 黄明, 詹金武, 等. 2014. 石林隧道底鼓灾害的特征与机理研究[J]. 工程地质学报, 22(1): 173-179.

丁天, 宋远明, 李宝玲, 等. 2014. 外源性硫酸盐对碳硫硅钙石生成影响研究[J]. 烟台大学学报(自然科学与工程版), 27(2): 148-151.

丁兆民, 杨晓华. 2009. 某黄土隧道病害原因分析及处治措施[J]. 工程地质学报, 17(1): 138-144.

方向清, 傅耀军, 王炳强. 2013. 山西新阳煤矿奥陶系硬石膏层孢粉特征及地质意义[J]. 中国煤炭地质, 25(3): 14-16.

付浩兵. 2014. 水泥基材料抗 TSA 侵蚀性能及机理的研究[D]. 武汉: 武汉理工大学.

高礼雄, 杜雪刚, 孔丽娟. 2012a. 石灰石粉对水泥基材料抗碳硫硅钙石侵蚀破坏的定量分析[J]. 东南大学学报(自然科学版), 42(3): 483-486.

高礼雄, 杜雪刚, 孔丽娟. 2012b. 碳硫硅钙石形成机制的定量分析[J]. 硅酸盐学报, 40(5): 711-714.

高小建, 马保国, 邓红卫. 2007. 胶凝材料组成对混凝土 TSA 硫酸盐侵蚀的影响[J]. 哈尔滨工业大学学报, 39(10): 1554-1558.

郝柏园, 郭英海, 王飞, 等. 2013. 古交矿区奥灰岩溶发育特征及主控因素研究[J]. 煤炭科学技术, 41(2): 91-95.

胡明玉, 唐明述, 龙伏梅. 2004. 新疆永安坝混凝土的碳硫硅钙石型硫酸盐腐蚀[J]. 混凝土, (11): 5-7.

贾志锐, 李振文, 董金国. 2011. 凉水井隧道膨胀性围岩分析及治理措施[J]. 公路, 56(10): 211-214.

姜骞, 石亮, 刘建忠, 等. 2016. 西南某隧道衬砌混凝土中的硫酸盐腐蚀破坏分析及对策[J]. 隧道建设, 36(8): 918-923.

赖金星, 谢永利, 赵严峰. 2007. 公路隧道衬砌裂损病害检测与治理对策[J]. 沈阳建筑大学学报(自然科学版), 23(1): 37-41.

李长成. 2011. 水泥基材料碳硫硅钙石型硫酸盐侵蚀破坏及预防措施研究[D]. 北京: 中国建筑材料科学研究总院.

李宁. 1994. 爆破荷载的数值模拟与应用[J]. 岩石力学与工程学报, 13(4): 357-364.
李小坤, 施成华, 雷明锋. 2011. 硫酸盐侵蚀环境下隧道结构病害等级研究[J]. 现代隧道技术, 48(4): 19-24, 31.
刘芳珍. 1998. 潞安矿区奥陶系岩溶发育规律及成因探讨[J]. 地下水, 20(2): 70-73, 60.
刘海京, 田明有, 黄伦海, 等. 2011. 大坂山高寒隧道病害处治工程[J]. 公路隧道, 76(4): 42-44.
刘建英. 2016. 新型抗高浓硫酸盐腐蚀剂及其混凝土性能研究[D]. 北京: 北京建筑大学.
刘开伟, 王爱国, 孙道胜, 等. 2016. 硫酸盐侵蚀下钙矾石的形成和膨胀机理研究现状[J]. 硅酸盐通报, 35(12): 4014-4019.
刘艳敏, 余宏明, 汪灿, 等. 2011. 白云岩层中硬石膏岩对隧道结构危害机制研究[J]. 岩土力学, 32(9): 2704-2708, 2752.
刘赞群. 2010. 混凝土硫酸盐侵蚀基本机理研究[D]. 长沙: 中南大学.
楼梁伟. 2008. 水泥基材料低温抗硫酸盐侵蚀性能研究[D]. 重庆: 重庆大学.
卢耀如, 张凤娥, 阎葆瑞, 等. 2002. 硫酸盐岩岩溶发育机理与有关地质环境效应[J]. 地球学报, 23(1): 1-6.
卢颖明, 陈礼伟. 2010. 既有隧道病害现象分类及原因分析[J]. 铁道建筑, 50(11): 46-49.
马保国, 付浩兵, 王迎斌, 等. 2014. Mg^{2+}离子含量对低温下生成碳硫硅酸钙的影响[J]. 武汉理工大学学报, 36(6): 26-29, 35.
马保国, 罗忠涛, 高小建, 等. 2006. 不同品种水泥的抗碳硫硅酸钙型硫酸盐侵蚀性能[J]. 硅酸盐学报, 34(5): 622-625.
马美玲, 罗僧抱, 宋毅. 1997. 山西石膏成矿地质条件分析[J]. 华北地质矿产杂志, 12(2): 182-187.
彭方毅. 2008. 碱矿渣混凝土抗硫酸盐侵蚀性能研究[D]. 重庆: 重庆大学.
山西省计划委员会, 山西省地质矿产局. 1989. 山西省非金属矿产及利用[M]. 太原: 山西人民出版社.
石有才. 2004. 成昆线百家岭隧道病害整治施工技术[J]. 铁道建筑, 44(11): 39-41.
宋开伟, 陈国福, 张航, 等. 2014. 某隧道衬砌混凝土的碳硫硅钙石侵蚀试验分析[J]. 工程质量, 32(10): 70-73.
孙崔源. 2018. 爆破振动对既有隧道的影响与控制技术[D]. 北京: 中国铁道科学研究院.
唐海. 2007. 地形地貌对爆破振动波影响的实验和理论研究[D]. 武汉: 中国科学院研究生院(武汉岩土力学研究所).
汪海波. 2013. 煤矿爆破地震效应对巷道稳定性影响及控制研究[D]. 淮南: 安徽理工大学.
王冲, 于超, 罗遥凌, 等. 2015. 不同侵蚀条件下水泥基材料碳硫硅钙石生成速度比较[J]. 同济大学学报(自然科学版), 43(5): 748-753.
王大纯, 张人权, 史毅虹, 等. 1997. 水文地质学基础[M]. 北京: 地质出版社.
王家兵. 1999. 潞安矿区奥陶系岩溶水化学成分的成因[J]. 煤田地质与勘探, 27(2): 39-42.
王玉来, 姜跃东. 2013. 虹梯关隧道岩溶发育规律分析[J]. 公路, 58(1): 293-295.
王志娟, 郭川川, 宋远明, 等. 2016. 碳硫硅钙石和钙矾石的稳定性[J].硅酸盐学报, 44(2): 292-298.
魏玉峰, 聂德新. 2005. 第三系红层中石膏溶蚀特性及其对工程的影响[J]. 水文地质工程地质, 32(2): 62-64.
吴萌. 2016. 低温环境下水泥基材料抗硫酸盐侵蚀性能研究[D]. 徐州: 中国矿业大学.

吴萌, 姬永生, 陈晓峰, 等. 2016a. 超细粉煤灰对碳硫硅钙石型硫酸盐破坏的影响[J]. 浙江大学学报(工学版), 50(8): 1479-1485.

吴萌, 姬永生, 张领雷, 等. 2016b. 石膏对碳硫硅钙石型硫酸盐破坏的影响[J]. 硅酸盐学报, 44(11): 1571-1578.

吴小力, 李荣西, 胡建民, 等. 2017. 中国北方宁南盆地古近纪晚期咸化湖盆演化及其区域地质意义[J]. 地质学报, 91(4): 954-967.

吴银亮. 2013. 石膏质岩工程地质特性及其对隧道混凝土结构危害机制研究[D]. 武汉: 中国地质大学.

邢志水, 邓敏, 王爱国, 等. 2014. 含石膏骨料引起的混凝土内部硫酸盐侵蚀[J]. 建筑材料学报, 17(1): 30-34, 41.

徐加强. 2013. 高速铁路软弱膨胀岩隧道换拱关键技术[J]. 山西建筑, 39(16): 174-176.

徐芝纶. 2006. 弹性力学[M]. 北京: 高等教育出版社.

张袁娟, 黄金香, 袁红. 2011. 缓冲爆破减震效应研究[J]. 岩石力学与工程学报, 30(5): 967-973.

张云鹏, 甘德清, 郑瑞春. 2002. 拆除爆破[M]. 北京: 冶金工业出版社.

张志军. 2006. 青沙山隧道衬砌开裂补强处理[J]. 铁道建筑, 46(4): 31-33.

赵虎生. 2014. 梨树塔隧道病害成因分析及综合治理[J]. 公路, 59(5): 63-68.

赵金贵, 郭敏泰. 2014. 平顺老马岭岩溶陷落柱的发现及形成时段探讨[J]. 煤炭学报, 39(8): 1716-1724.

赵新涛. 2010. 城市岩体开挖爆破振动效应及安全控制研究[D]. 重庆: 重庆大学.

周意超, 陈从新, 刘秀敏, 等. 2017. 荆门石膏矿岩遇水软化力学特性试验研究[J]. 岩土力学, 38(10): 2847-2854, 2864.

祝艳波, 吴银亮, 余宏明. 2013. 隧道石膏质围岩强度特性试验研究[J]. 长江科学院院报, 30(9): 53-58.

邹焕华. 2016. 茶林顶隧道病害成因分析及处治对策[J]. 广东公路交通, 42(4): 105-109.

邹育麟, 何川, 何聪, 等. 2014. 重庆岩溶地区季节性富水营运隧道渗漏水病害特征及其成因机制分析[J]. 现代隧道技术, 51(4): 18-27, 45.

Dowding C H, Aimone C T. 1985. Multiple blast-hole stresses and measured fragmentation[J]. Rock Mechanics and Rock Engineering, 18(1): 17-36.

Hu M Y, Long F M, Tang M S. 2006. The thaumasite form of sulfate attack in concrete of Yongan Dam[J]. Cement and Concrete Research, 36(10): 2006-2008.

Ma B G, Gao X J, Byars E A, et al. 2006. Thaumasite formation in a tunnel of Bapanxia Dam in Western China[J]. Cement and Concrete Research, 36(4): 716-722.

MacPhee D, Diamond S. 2003. Thaumasite in cementitious materials[J]. Cement and Concrete Composites, 25(8): 805-807.

Mirvalad S, Nokken M. 2016. Studying thaumasite sulfate attack using compressive strength and ultrasonic pulse velocity[J]. Materials and Structures, 49(10): 4131-4146.